# Hallo Frühling!

Wenn die Vögel endlich wieder zwitschern, wenn aus Knospen Blüten sprießen, wenn die Sonnenstrahlen an Kraft gewinnen – dann ist Frühling! Alles ist auf einen Neuanfang eingestellt und die Natur erwacht aus dem Winterschlaf. Es blühen Osterglocken und Optimismus, es duftet nach Hyazinthen und Hoffnung.

Dieses Lesebuch versammelt die schönsten literarischen Geschichten und Gedichte zu unserer blühenden Lieblingsjahreszeit und lädt zum Genießen und Freuen ein: über das Erleben der Natur und von sich selbst, über neuen Mut und neues Glück, über Freundschaft und Veränderung, über das Sich-Finden und Sich-Verlieben.

*Frühling ist Seligkeit,*

WEIL'S BEGEISTERUNG IST VON DER ZUKUNFT,
SELIGKEIT IST BEGEISTERUNG ZUM LEBEN,
DAS IST FRÜHLING.

*Bettina von Arnim*

# Inhalt

| | |
|---|---|
| Das Frühjahr, ROBERT WALSER | 8 |
| Nelken, THEODOR STORM | 11 |
| Frühlingsvormittag, KURT TUCHOLSKY | 12 |
| Traumgärten, JOSEPH VON EICHENDORFF | 14 |
| Der Gärtner und seine Söhne, LEO TOLSTOI | 15 |
| Verzauberter April, ELIZABETH VON ARNIM | 18 |
| Frühling, THEODOR STORM | 32 |
| Paris, 1. Mai 1977, ALFRED ANDERSCH | 33 |
| Sizilische Gärten, JOHANN WOLFGANG VON GOETHE | 34 |
| 18. März 1997, Paris, PAUL NIZON | 36 |
| Frühlingsball der Tiere, WILHELM BUSCH | 38 |
| Briefe einer Freundschaft, ASTRID LINDGREN & LOUISE HARTUNG | 42 |
| Schönes, grünes, weiches Gras, ARNO HOLZ | 46 |
| Der eigensüchtige Riese, OSCAR WILDE | 48 |
| Rosa, HERMANN HESSE | 54 |
| Das Veilchen, ROBERT WALSER | 60 |
| Mein Garten, EVA DEMSKI | 62 |
| Lob der Schöpfung, RAINER MARIA RILKE | 70 |

| | |
|---|---|
| Fast ein bisschen Frühling, ALEX CAPUS | 74 |
| Gefunden, JOHANN WOLFGANG VON GOETHE | 76 |
| Der Maikäfer, HERMANN LÖNS | 78 |
| Ein alter Garten ist immer beseelt, HUGO VON HOFMANNSTHAL | 83 |
| Frühling, SELMA MEERBAUM-EISINGER | 88 |
| Frühling, ELSE LASKER-SCHÜLER | 89 |
| Veilchen, ADALBERT STIFTER | 90 |
| Eine Liebesgeschichte, SIEGFRIED LENZ | 94 |
| Frühlingsglaube, LUDWIG UHLAND | 100 |
| Aus dem Leben eines Taugenichts, JOSEPH VON EICHENDORFF | 102 |
| Am Morgen, ANNETTE VON DROSTE-HÜLSHOFF | 114 |
| Heiliger Frühling, RAINER MARIA RILKE | 116 |
| | |
| Textnachweis | 126 |
| Impressum | 128 |

*Alles freuet sich*

UND HOFFET,
WENN DER FRÜHLING SICH ERNEUT.

*Friedrich Schiller*

## ROBERT WALSER (1878–1956)

# Das Frühjahr

Das junge Frühlingsgrün erschien mir wie ein grünes Feuer. Blau und Grün ergossen sich in einen zusammentönenden Klang. Ich glaubte, die Welt nie so schön gesehen zu haben und mich selbst nie so befriedigt. Wie wohl tat es mir, auf das felsige Gestein treten zu dürfen. Der Erdboden war mir wie ein geheimer Bruder. Die Pflanzen hatten Augen, die mir Blicke voll Liebe und Freundschaft zuwarfen. Die Gebüsche redeten mit süßen Stimmen, und von überallher tönte der liebenswürdige, wehmütig-frohe Gesang der Vögel. An den Abenden war es in den Tannenwäldern rätselhaft schön – die Tannen, standen wie Phantasiegebilde da, so edel, so hoheitsvoll, so zierlich. Ihre Äste glichen Ärmeln, die da und dorthin ernsthaft deuteten. Wie lieb schien an heiteren, hellen Vormittagen die Sonne, fast nur zu süß. Ich wurde immer zum kleinen Kinde in all der Freude, unter all der Farbe. Ich hätte die Hände zum vertrauensvollen Gebete falten mögen. »Wie ist die Erde schön«, sagte ich immer wieder still zu mir selber. Auf der Anhöhe stehend, sah ich in der Ebene, welche reizend schimmerte, die Stadt mit ihren hübschen Gebäuden und Gassen liegen, durch die Gassen bewegten sich kleine Gestalten, das waren meine Mitbürger. Es war alles so friedlich und so reizend, so klar und so geheimnisreich. O, wie schön war's auf dem Felsen über dem See, der in seiner Farbe und in seiner Zeichnung einem zärtlichen Lächeln glich, einem Lächeln, das den besten Willen und die lieblichste Güte enthält, einem Lächeln, wie es nur Liebende zu lächeln vermögen, die stets Ähnlichkeit mit Kindern haben. Ich ging immer, dieselben Wege, und immer kamen sie mir wieder gänzlich neu vor. Ich wurde nie müde, mich am Gleichen zu freuen und am Ähnlichen zu erlaben. Ist nicht der Himmel immer derselbe, sind nicht Liebe und Güte immer dieselben?

Das Schöne trat mir so still entgegen. Auffälligkeiten und Unauffälligkeiten gaben sich die Hand und waren wie verschwistert. Das Bedeutende zerrann, und ich widmete den unbedeutendsten Dingen eine genaue Achtsamkeit und war sehr glücklich dabei. So vergingen die Tage, Wochen, Monate, und rasch ging das Jahr herum, aber das neue Jahr sah dem dahingegangenen ähnlich, und ich fühlte mich von neuem wohl.

## THEODOR STORM (1817–1888)

## Nelken

Ich wand ein Sträußlein morgens früh,
das ich der Liebsten schickte;
nicht ließ ich sagen ihr, von wem,
und wer die Blumen pflückte.

Doch als ich abends kam zum Tanz
und tat verstohlen und sachte,
da trug sie die Nelken am Busenlatz
und schaute mich an und lachte.

## KURT TUCHOLSKY (1890–1935)

# Frühlingsvormittag

*Für Mary*

Natürlich kommst du erst einmal ein Viertelstündchen zu spät – und dann musst du lachen, wie du mich da so an der Uhr stehen siehst, und dann sagst du: »Die Uhr geht überhaupt falsch!« Uhren, an denen sich Liebespaare verabreden, gehen immer falsch. Und dann gondeln wir los.

Das ist ein zauberischer Vormittag. Du trägst ein weich gefaltetes, weites Kleid, ganz hell, was dich noch blonder macht, einen kleinen Trotteur, wie ich ihn gern habe, und deine langen zarten Wildlederhandschuhe; du duftest ganz zart nach irgendetwas, was du als Lavendel ausgibst – und was das Verzaubertste an diesem hellen Tage ist –: wir sprechen nicht ein einziges Mal von Zahlen. Es ist ganz merkwürdig und unberlinisch. Leider: ganz undeutsch.

Du sprichst von Kurland. Wie sich auf dem lettischen Bahnhof Männlein und Weiblein und Kindlein einträchtig in der Nase bohrten, der ganze Bahnhof bohrte in der Nase: Gendarmen, Bauern, Schaffner und Lokomotivführer. Ich finde, dass das dem Nachdenken sehr förderlich sei, und das willst du wieder nicht glauben. Doch. Der Ausdruck: »in der Nase grübeln …« Weiter. Und dann erzählst du von den langen, langen Spaziergängen, die man in Kurland machen kann – und mir wird das Herz weit, wenn ich an das schönste Land denke, das wir beide kennen: Gottes propprer Protzprospekt für ein unglücklicherweise nicht geliefertes Deutschland.

Und dann gehen wir an kleinen Teichen vorbei, an einem steht seltsamerweise nicht einmal eine Tafel mit: Verboten – und wir wundern uns sehr. Und du patschst mit deinen neuen Lackhalbschuhen (du freundliche Mühlenaktie!) in einen Tümpel, und ich bin an allem schuld – und überhaupt. Aber dann ist das vorbei …

Und in deinen Augen spiegelt sich der helle Frühlingstag, du siehst so fröhlich aus, und ich muss immer wieder darauf gucken, wie du dich bewegst. Und wieder sprechen wir von Russland und von deiner Heimat. Was ist es, das dich so bezaubernd macht –?

Du bist unbefangen.
Und ich will dir mal was sagen:
Bei uns tun die feinen Leute alles so, wie es in ihren Zeitschriften drin steht – und immer sehen sie sich fotografiert, fein mit Ei und durchaus ›richtig‹. Ihr überlegt gar nicht so viel. Ihr seid hübsch, und damit gut. Und ihr geht, schreitet, lacht, fahrt und trinkt so, wie es euch eure kleine Seele eingegeben hat – ohne darüber nachzudenken, wie das wohl ›aussieht‹. Aber ihr fühlt immer, wie es aussieht – und ihr wollt immer, dass es hübsch aussehen soll. Und nichts ist euch unwichtig, und alles erheblich genug, um es mit Freude zu tun. Der Weg ist das Ziel.

Aber da hält ein Auto, darinnen sitzt Herr Kolonialwarenhändler Mehlhake (A.-G. für den Vertrieb von Mehlhakeschen Präparaten – »Wissen Se, schon wejen der Steuer!«), und so sieht auch alles aus: Frau Mehlhake ist so schrecklich richtig angezogen, dass wir aus dem Lachen und sie aus der feinsten Lederjacke nicht herauskommt, die kleinen Mehlhakes haben alle Automobilbrillen und schmutzige Fingernägel – und das Auto kostet heute mindestens seine ...

Aber wir wollten ja nicht von Zahlen sprechen an diesem Frühlingsvormittag. Das Auto staubt davon. Wir gehen weiter, wir Wilden, wir bessern Menschen.

Denn mit dem Stil ist das wie mit so vielen Dingen: man hat ihn, oder man hat ihn nicht.

## JOSEPH VON EICHENDORFF (1788–1857)

# Traumgärten

Meine frühesten Erinnerungen verlieren sich in einem großen, schönen Garten. Lange, hohe Gänge von gradbeschnittenen Baumwänden laufen nach allen Richtungen zwischen großen Blumenfeldern hin, Wasserkünste rauschen einsam dazwischen, die Wolken ziehen hoch über die dunkeln Gänge weg, ein wunderschönes kleines Mädchen, älter als ich, sitzt an der Wasserkunst und singt welsche Lieder, während ich oft stundenlang an den eisernen Stäben des Gartentors stehe, das an die Straße stößt, und sehe, wie draußen der Sonnenschein wechselnd über Wälder und Wiesen fliegt, und Wagen, Reuter und Fußgänger am Tore vorüber in die glänzende Ferne hinausziehen. Diese ganze, stille Zeit liegt weit hinter all dem Schwalle der seitdem durchlebten Tage, wie ein uraltes, wehmütig süßes Lied, und wenn mich oft nur ein einzelner Ton davon wieder berührt, fasst mich ein unbeschreibliches Heimweh, nicht nur nach jenen Gärten und Bergen, sondern nach einer viel ferneren und tieferen Heimat, von welcher jene nur ein lieblicher Widerschein zu sein scheint. Ach, warum müssen wir jene unschuldige Betrachtung der Welt, jene wundervolle Sehnsucht, jenen geheimnisvollen, unbeschreiblichen Schimmer der Natur verlieren, in dem wir nur manchmal noch im Traume unbekannte, seltsame Gegenden wiedersehen!

LEO TOLSTOI (1828–1910)

# Der Gärtner und seine Söhne

*Fabel*

Ein Gärtner wollte seine Söhne zum Gartenbau erziehen. Als er im Sterben lag, rief er sie zu sich und sagte: »Hört, Kinder, wenn ich gestorben bin, dann sucht im Weingarten nach, da ist etwas versteckt.«

Die Söhne glaubten, dass dort ein Schatz liege, und als der Vater gestorben war, gruben sie den ganzen Garten um und um. Einen Schatz fanden sie nicht, doch die Erde im Weingarten hatten sie so gründlich umgegraben, dass die Ernte bedeutend besser ausfiel als früher.

Und sie wurden reich.

*Man ist dem Herzen Gottes*
NIRGENDWO NÄHER ALS IN EINEM GARTEN.

*Dorothy Frances Gurney*

ELIZABETH VON ARNIM (1866–1941)

# Verzauberter April

Als Mrs. Wilkins am nächsten Morgen aufwachte, blieb sie einige Minuten lang im Bett liegen, bevor sie aufstand und die Fensterläden öffnete. Was würde sie von ihrem Fenster aus sehen? Eine strahlende Welt oder eine verregnete Welt? Aber schön würde sie sein, wie immer sie auch aussehen mochte.

Sie fand sich in einem kleinen Schlafzimmer mit weißgetünchten Wänden, einem Steinboden und einigen wenigen alten Möbeln. Die Betten – es gab zwei – waren aus Eisen, schwarz emailliert und bemalt mit bunten Blumensträußchen. Sie blieb liegen, um den großen Augenblick, wenn sie ans Fenster ging, hinauszuzögern, so wie man das Öffnen eines lieben Briefes und seine Freude daran hinauszögert. Sie hatte keine Ahnung, wie viel Uhr es war; sie hatte vergessen, sie aufzuziehen, seit sie zuletzt, Jahrhunderte war das her, in Hampstead schlafen gegangen war. Man hörte keinen Laut im Haus, und so vermutete sie, es müsse noch früh sein, dennoch hatte sie das Gefühl, als hätte sie ewig geschlafen – so ausgeruht, so rundum zufrieden war sie. Sie lag da, die Arme um den Kopf verschränkt, und dachte, wie glücklich sie war, und ihre Lippen waren in seligem Lächeln hochgezogen. Allein im Bett zu sein: welch Wonnezustand. Sie war seit fünf Jahren nicht einmal ohne Mellersh im Bett gewesen; ah, diese kühle Geräumigkeit; die Bewegungsfreiheit; das Gefühl der Sorglosigkeit, der Keckheit, wenn man an den Decken zog, weil man es wollte, oder sich die Kissen zurechtstupste, um es noch behaglicher zu haben! Es war, als entdecke man eine Freude völlig neu.

Mrs. Wilkins sehnte sich zwar danach, aufzustehen und die Läden zu öffnen, aber sie fühlte sich dort, wo sie war, einfach pudelwohl. Sie seufzte vor Behagen und blieb weiter liegen, schaute um sich, registrierte alles in ihrem Zimmer, ihrem eigenen kleinen Zimmer, ihrem ureigenen Zimmer, in dem sie sich ganz nach Gusto während dieses einen glücklichen Monats einrichten

konnte, ihr Zimmer, das sie sich von ihrem Ersparten erworben hatte, die Frucht ihrer geheimen Entbehrungen, ihr Zimmer, dessen Tür sie abschließen konnte, wenn sie es wollte, und wo niemand das Recht hatte hereinzukommen. Es war ein so seltsames kleines Zimmer, ganz anders als alle, die sie kannte, und so angenehm. Es war wie eine Zelle. Die beiden Betten ausgenommen, beschwor es eine glückliche Askese. ›Und der Name des Gemachs‹, zitierte sie in Gedanken, lächelnd das Zimmer betrachtend, ›war Friede.‹

Ja, das war schon herrlich, dazuliegen und zu denken, wie glücklich sie war, aber draußen vor den Läden war es noch herrlicher. Sie sprang auf, zog sich die Pantoffeln an, denn es gab nichts auf dem Steinboden als einen kleinen Vorleger, lief zum Fenster und stieß die Läden auf.
»Oh!«, rief Mrs. Wilkins aus.

All der strahlende Glanz Italiens im April lag ausgebreitet ihr zu Füßen. Die Sonne ergoss sich über sie. Das Meer schlummerte darin, fast unbewegt. Jenseits der Bucht ruhten auch die lieblichen Berge, reich an Farbnuancen, im Licht; und unterhalb ihres Fensters, am Fuße des blumenübersäten Grashügels, aus dem sich die Mauer des Castellos erhob, stand eine große Zypresse, die wie ein großes schwarzes Schwert durch die zarten Blau-, Violett- und Rosatöne der Berge und des Meeres schnitt.

Sie staunte. Solche Schönheit; und sie war da, um sie zu sehen. Solche Schönheit; und sie am Leben, um sie zu fühlen. Ihr Gesicht war in Licht gebadet. Köstliche Düfte stiegen zu ihrem Fenster hoch und umschmeichelten sie. Eine leichte Brise bewegte sanft ihr Haar. Weit draußen in der Bucht trieb eine Schar von Fischerbooten, fast ohne Bewegung, wie ein Schwarm weißer Vögel, auf dem ruhigen Meer. Wie schön, wie schön! Nicht zuvor

gestorben zu sein ..., das sehen zu dürfen, zu atmen, zu fühlen ... Sie starrte mit offenem Mund. Glücklich? Welch dürftiges, gewöhnliches Alltagswort. Aber was konnte man denn sagen, wie ließe es sich beschreiben? Es war, als müsste sie zerspringen, als wäre sie zu klein, um so viel Freude in sich zu halten, als wäre sie von Licht durchdrungen. Und wie erstaunlich das war, diese reine Seligkeit zu fühlen, wo sie doch überhaupt nichts Selbstloses tat oder im Sinn hatte, vielmehr nur das tun würde, was sie wollte. Nach Meinung aller, die sie im Leben kennengelernt hatte, müsste sie zumindest Gewissensbisse haben. Nicht die Spur davon. Irgendwie stimmte da etwas nicht. Seltsam, dass sie zu Hause so gut gewesen war, so furchtbar gut, und bloß Qual empfunden hatte. Gewissensbisse jeder Art waren dort ihr Los gewesen; Schmerzen, Kränkungen, Entmutigungen, während sie die ganze Zeit unermüdlich selbstlos war. Jetzt hatte sie all ihr Gutsein abgelegt und in die Ecke geworfen wie einen Haufen durchnässter Wäsche, und sie fühlte nur Freude. Sie hatte sich des Gutseins entledigt und genoss ihre Nacktheit. Sie war entblößt und frohlockte. Und dort, fern in der trüben Muffigkeit von Hampstead, erboste sich Mellersh.

Sie versuchte, sich Mellersh vorzustellen, versuchte, ihn beim Frühstück zu sehen und wie er verbittert an sie dachte; und sieh da, Mellersh selbst begann zu schimmern, wurde rosig, dann blassviolett, dann zu einem hinreißenden Blau, verlor die Konturen, irisierte. Tatsächlich entschwand Mellersh, nachdem er noch einen Augenblick lang gezuckt hatte, im Licht.

›Na so was‹, dachte Mrs. Wilkins und starrte gleichsam hinter ihm her. Wie ungewöhnlich das war, sich Mellersh nicht vorstellen zu können; sie, die jeden Zug an ihm, jeden Gesichtsausdruck auswendig kannte. Es gelang ihr einfach nicht, ihn zu sehen, wie er war. Sie konnte ihn nur verklärt sehen, in Einklang mit allem. Die bekannten Worte der öffentlichen Danksagung kamen ihr spontan in den Sinn, und sie ertappte sich dabei, wie sie Gott pries, sie erschaffen und beschützt zu haben, ihn pries für alle Wohltaten dieses Lebens, vor allem aber für seine unschätzbare Liebe; das geschah mit lauter Stimme; in einer plötzlichen Anwandlung von Dankbarkeit. Mellersh dieweil zog in diesem Augenblick verärgert seine Stiefel an, bevor er in die triefenden Straßen hinausging, und dachte Bitterböses von ihr.

Sie begann sich anzuziehen, wobei sie sich zu Ehren des Frühsommertages für leichte weiße Sachen entschloss, packte ihr Gepäck aus und brachte ihr schnuckeliges Zimmer in Ordnung. Sie ging mit schnellen, entschiedenen Schritten umher, ihr langer dünner Körper war gestreckt, ihr kleines Gesicht, das zu Hause vor lauter Anstrengung und Angst so zerknittert aussah, glättete sich. Alles, was sie vor diesem Morgen gewesen war und getan hatte, alles, was sie gefühlt und ihr Kummer gemacht hatte, war verschwunden. Mit jeder ihrer Sorgen verhielt es sich wie mit Mellershs Bild, sie löste sich in Farbe und Licht auf. Und sie bemerkte Dinge, die sie seit Jahren nicht bemerkt hatte – als sie ihr Haar vor dem Spiegel frisierte, nahm sie es bewusst wahr und dachte: ›Das ist aber hübsch.‹ Jahrelang hatte sie vergessen, dass sie so etwas wie Haar hatte, sie flocht es am Abend und löste es am Morgen mit derselben Eile und Gleichgültigkeit, mit der sie ihre Schuhe schnürte und aufschnürte. Jetzt auf einmal sah sie das Haar, und sie wickelte sich vor dem Spiegel einige Strähnen um die Finger und war froh, dass es so hübsch war. Mellersh konnte es auch nicht gesehen haben, denn er hatte nie ein Wort darüber verloren. Wenn sie aber wieder zu Hause wäre, würde sie ihn darauf aufmerksam machen. »Mellersh«, würde sie sagen, »guck dir mein Haar an. Gefällt es dir nicht, dass du eine Frau mit honiggoldenen Locken hast?«

Sie lachte. Sie hatte noch nie dergleichen zu Mellersh gesagt, und die Vorstellung amüsierte sie. Aber warum hatte sie es nicht getan? Nun ja – sie hatte immer Angst vor ihm gehabt. Komisch, vor irgendjemandem Angst zu haben; und besonders vorm eigenen Mann, den man doch auch in seinen schlichteren Momenten sah, wie beim Schlafen, wo er nicht, wie es sich gehörte, durch die Nase atmete.

Als sie fertig war, öffnete sie die Tür, um hinüberzugehen und zu sehen, ob Rose wach war, die am Abend zuvor von einem schläfrigen Mädchen in einer Zelle ihr gegenüber untergebracht worden war. Sie würde ihr guten Morgen wünschen und dann zur Zypresse hinunterlaufen und dortbleiben, bis das Frühstück fertig war, und nach dem Frühstück würde sie nicht ein einziges Mal aus dem Fenster schauen, bis sie Rose geholfen hatte, alles für Lady Caroline und Mrs. Fisher vorzubereiten. Es gab so viel zu tun an diesem Tag: sich häuslich niederzulassen, die Zimmer in Ordnung zu bringen; sie durfte Rose das nicht allein überlassen. Für die beiden Neuankömmlinge würden sie alles so heimelig machen, die von Blumen leuchtenden Zellen würden ihnen einen entzückenden Anblick bieten. Sie erinnerte sich, dass sie sich gewünscht hatte, Lady Caroline möge nicht herkommen; wie abstrus, jemanden aus dem Paradies ausschließen zu wollen, nur aus der Befürchtung, man wäre dann gehemmt! Als ob das was ausmachte, und als ob sie nicht so oder so befangen wäre. Außerdem, was für ein Grund. Zumindest konnte sie sich in dieser Angelegenheit nicht vorwerfen, gutherzig gewesen zu sein. Und sie erinnerte sich, sie wollte auch Mrs. Fisher nicht dabeihaben, weil sie ihr arrogant vorgekommen war. Wie seltsam war sie doch. Wie seltsam, sich über solch geringfügige Dinge Sorgen zu machen und ihnen somit Wichtigkeit beizumessen.

Die Schlafzimmer und zwei der Aufenthaltsräume in San Salvatore lagen im obersten Stockwerk und gingen auf eine weitläufige Halle mit einem großen Glasfenster an der Nordseite. San Salvatore besaß viele kleine Gärten an den verschiedensten Stellen und auf verschiedenen Ebenen. Das Gärtchen, auf das dieses Fenster hinunterblickte, befand sich auf der höchsten Stelle des Festungswalls und konnte nur durch die entsprechende Halle auf dem Stockwerk darunter betreten werden. Als Mrs. Wilkins aus ihrem Zimmer kam, war das Fenster weit offen, und in der Sonne hinten stand ein Judasbaum in voller Blüte. Kein Mensch in der Nähe, kein Geräusch von Stimmen oder Schritten. Kübel mit Callas thronten auf dem Steinboden, und auf einem Tisch flammte ein Riesenstrauß wilder Kapuzinerkresse. Geräumig, blumenreich, still, mit dem großen Fenster am Ende, das sich zum Garten hin öffnete, und dem Judasbaum aberwitzig schön im Sonnenschein, schien das alles Mrs. Wilkins, die festgehalten wurde auf ihrem Weg zu Mrs. Arbuthnot, zu gut, um wahr zu sein. Würde sie wirklich einen ganzen Monat darin leben dürfen? Bis zu diesem Zeitpunkt hatte sie das Schöne, wie es sich ihr rein zufällig bot, portiönchenweise ergattern müssen – ein gänseblümchenübersätes Fleckchen auf einem Feld in Hampstead an einem herrlichen Tag, einen Streifen Sonnenuntergang zwischen zwei Schornsteinkappen. Sie war nie an wirklich vollkommen schönen Orten gewesen. Nicht einmal in einem ehrwürdig alten Haus, und so etwas wie Blumenfülle in ihrer Wohnung war unerschwinglich für sie. Manchmal hatte sie sich im Frühling sechs Tulpen bei Shoolbred's gekauft, da es ihr unmöglich war, ihnen zu widerstehen, und war sich bewusst, dass Mellersh, falls er erführe, wie viel sie gekostet hatten,

dies unentschuldbar fände; aber sie waren bald verwelkt, und danach gab es keine mehr. Was den Judasbaum betraf, hatte sie keine Ahnung, was das eigentlich war, und sie betrachtete ihn, wie er sich da draußen gegen den Himmel abhob, mit der verzückten Miene einer, die eine himmlische Vision hat.

Mrs. Arbuthnot, die aus ihrem Zimmer kam, traf sie so an, mitten in der Halle stehend, den Blick starr.
›Was glaubt sie denn nun zu sehen?‹, dachte Mrs. Arbuthnot.
»Wir sind in Gottes Hand«, sagte Mrs. Wilkins, sich ihr zuwendend, im Brustton der Überzeugung,
»Oh!«, sagte Mrs. Arbuthnot rasch, während sich ihre eben noch lächelnde Miene verfinsterte. »Wieso, was ist passiert?«

Mrs. Arbuthnot war nämlich mit einem wunderbaren Gefühl der Sorglosigkeit, der Erleichterung aufgewacht und wollte nun nicht entdecken, dass ihr Bedürfnis nach Geborgenheit doch nicht gestillt werden konnte. Sie hatte nicht einmal von Frederick geträumt. Zum ersten Mal seit Jahren war ihr der nächtliche Traum erspart geblieben, dass er bei ihr war und sie offen und ehrlich miteinander sprachen, und dann das traurige Erwachen. Sie hatte wie ein Säugling geschlafen und war zuversichtlich aufgewacht; das Einzige, was sie in ihrem Morgengebet sagen wollte, hatte sie festgestellt, war ›danke‹. So war es beunruhigend zu hören, dass sie doch noch in Gottes Hand war.

»Es ist hoffentlich nichts passiert?«, fragte sie besorgt.
Mrs. Wilkins schaute sie einen Augenblick lang an und lachte. »Wie seltsam«, sagte sie und küsste sie.
»Was ist seltsam?«, wollte Mrs. Arbuthnot wissen, und ihr Gesicht hellte sich auf, weil Mrs. Wilkins lachte.
»Wir. Dies hier. Alles. Es ist so wundervoll. Es ist so seltsam und so herrlich, dass wir mittendrin sind. Ich glaube, wenn wir dereinst in den Himmel kommen – über den wir so viel reden –, werden wir ihn keinen Deut schöner finden.«
Mrs. Arbuthnots Gesichtszüge entspannten sich wieder bis hin zu einem sorglosen Lächeln. »Ist es nicht göttlich?«, sagte sie.

»Warst du je, je in deinem Leben so glücklich?«, fragte Mrs. Wilkins und packte sie am Arm.

»Nein«, sagte Mrs. Arbuthnot. Und sie war es auch nicht gewesen; niemals; nicht einmal in der ersten Liebeszeit mit Frederick. Denn immer war in jenem anderen Glück der Schmerz nahe gewesen, bereit, sie mit Zweifeln zu quälen, sie sogar mit dem Übermaß ihrer Liebe zu quälen; wohingegen dies hier das einfache Glück des völligen Einklangs mit ihrer Umgebung war, das Glück, das nichts verlangt, das sich darauf beschränkt, nur zu empfangen, zu atmen, zu sein.

»Schauen wir uns den Baum aus der Nähe an«, sagte Mrs. Wilkins. »Ich kann's nicht glauben, dass es nur ein Baum ist.«

Und Arm in Arm gingen sie durch die Halle, und ihre Männer hätten sie nicht wiedererkannt, ihre Gesichter waren so jung in ihrem Eifer, und zusammen standen sie am offenen Fenster, und als ihre Augen, nachdem sie sich an dem wunderbaren purpurnen Ding gesättigt hatten, weiter zwischen den Schönheiten des Gartens umherschweiften, sahen sie auf der niedrigen Mauer am östlichen Rand sitzend, über die Bucht blickend, die Füße in den Lilien wippend, Lady Caroline.

Sie waren erstaunt. Und vor lauter Erstaunen sagten sie nichts, sondern standen ganz still, Arm in Arm, und starrten von oben auf sie herunter.

Auch sie hatte ein weißes Kleid an, und ihr Kopf war unbedeckt. Sie hatten sich an jenem Tag in London, als ihr Hut fast bis zur Nase reichte und ihre Pelze bis über die Ohren, keine Vorstellung gemacht, wie hübsch sie war. Sie hatten einfach geglaubt, sie sei halt anders als die Frauen im Club, und das hatten die selbst auch gedacht, ebenso die Kellnerinnen, die sie von der Seite her immer wieder beäugten, wenn sie die Ecke passierten, wo sie plaudernd dasaß; aber sie hatten keine Vorstellung gehabt, dass sie so hübsch war. Außerordentlich hübsch. Alles an ihr war, was es war, im Superlativ. Ihr blondes Haar war sehr blond, ihre lieblichen grauen Augen waren sehr lieblich und sehr grau, ihre dunklen Wimpern sehr dunkel, ihre weiße Haut sehr weiß, ihr roter Mund sehr rot. Sie war ungewöhnlich schlank – ganz mädchenhaft, auch wenn es da nicht an den kleinen Rundungen unter ihrem leichten Kleid fehlte, wo kleine Rundungen sein sollten. Sie blickte sinnend über die Bucht und hob sich klar gegen den Hintergrund des Blaus ab. Sie saß direkt in der Sonne. Ihre Füße braumelten zwischen den Blättern und Blüten der Lilien, als mache es nichts aus, wenn diese geknickt oder zerdrückt würden.

»Der Kopf muss ihr doch brummen«, flüsterte Mrs. Arbuthnot schließlich, »wie sie da in der Sonne sitzt.«
»Einen Hut müsste sie tragen«, flüsterte Mrs. Wilkins.
»Sie zerdrückt die Lilien.«
»Aber das sind genauso ihre Lilien wie unsere.«
»Nur ein Viertel.«
Lady Caroline wandte den Kopf. Sie schaute einen Augenblick hoch zu ihnen, überrascht, dass sie so viel jünger aussahen als damals im Club und weit weniger reizlos. Ja, sie waren eigentlich sogar reizvoll, wenn eine in falscher Aufmachung je wirklich reizvoll sein konnte. Noch bevor sie ihnen winkend zulächelte und guten Morgen wünschte, hatte ihr Blick, in Windeseile über die beiden gleitend, jeden Zentimeter an ihnen wahrgenommen. Es gab nichts an ihrer Kleidung, wie sie sofort bemerkte, was für sie von Interesse hätte sein können. Das dachte sie nicht bewusst, sie stand nämlich schönen Kleidern und der Sklaverei, die sie einem auferlegen, sehr ablehnend gegenüber, ihrer Erfahrung nach bekamen sie in dem Augenblick, wo man sie hatte, Gewalt über einen und ließen einem keine Ruhe, bis sie überall gezeigt worden waren und jeder sie gesehen hatte. Man führte nicht die Kleider auf den Gesellschaften vor; nein, sie waren es, die einen vorführten. Es war ein großer Irrtum zu glauben, dass eine Frau, eine ausgesprochen gut angezogene Frau, ihre Kleidung abnutzte; vielmehr war es die Kleidung, die eine Frau abnutzte – indem sie sie zu jeder Tages- und Nachtzeit hierhin und dorthin schleppte. Kein Wunder, dass die Männer länger jung blieben. Eine neue Hose allein konnte die nicht in Aufregung versetzen. Sie konnte sich nicht vorstellen, dass eine Männerhose, selbst die schickste, sich je so benahm, sich dermaßen ins Zeug legte. Ihre Bilder waren konfus, aber sie dachte, was ihr so in den Sinn kam, und gebrauchte die Bilder, die sie nun mal mochte. Als sie von der Mauer aufstand und zum Fenster ging, war es ihr eine Beunruhigung zu wissen, dass sie einen ganzen Monat mit Leuten verbringen würde, deren Kleidung, wie sie sich vage erinnerte, vor fünf Sommern aktuell gewesen war.

»Ich bin gestern Morgen angekommen«, sagte sie, zu ihnen hochblickend, und lächelte. Sie war einfach bezaubernd. Sie hatte alles, selbst ein Grübchen.
»Das ist jammerschade«, sagte Mrs. Arbuthnot und lächelte zurück, »wir wollten Ihnen nämlich das schönste Zimmer aussuchen.«

»Oh, das habe ich schon getan«, sagte Lady Caroline. »Zumindest glaube ich, dass es das schönste ist. Es hat Ausblick nach zwei Seiten – ich liebe Zimmer mit zwei Ausblicken, Sie nicht? Zum Meer hin nach Westen und über diesen Judasbaum nach Norden.«

»Und wir wollten es für Sie mit Blumen schmücken«, sagte Mrs. Wilkins.

»Oh, das hat Domenico schon gemacht. Gleich, als ich ankam, habe ich ihn darum gebeten. Er ist der Gärtner. Er ist wunderbar.«

»Es ist natürlich keine schlechte Sache«, sagte Mrs. Arbuthnot ein wenig zögernd, »unabhängig zu sein und genau zu wissen, was man will.«

»Ja, das erspart einem manche Schwierigkeit«, meinte Lady Caroline zustimmend.

»Aber so unabhängig sollte man nicht sein«, sagte Mrs. Wilkins, »dass man anderen keine Möglichkeit mehr lässt, Großmut zu zeigen.«

Lady Caroline, die Mrs. Arbuthnot angeblickt hatte, blickte nun Mrs. Wilkins an. Damals in dem merkwürdigen Club hatte sie bloß einen verschwommenen Eindruck von Mrs. Wilkins bekommen, denn die andere hatte allein geredet, und ihr Eindruck war der einer so verschüchterten und unbeholfenen Person gewesen, dass es das Beste schien, ihr keine Aufmerksamkeit zu schenken. Sie vermochte nicht einmal ganz normal auf Wiedersehn zu sagen, ohne dabei Qualen auszustehen, rot zu werden und ins Schwitzen zu geraten. Und darum blickte sie die Sprecherin einigermaßen verwundert an; und ihre Verwunderung wuchs noch, als Mrs. Wilkins sie offen und geradezu bewundernd anschaute und im Brustton der Überzeugung, die geäußert sein will, hinzufügte: »Mir war nicht klar, dass Sie so hübsch sind.«

Sie starrte Mrs. Wilkins an. Gewöhnlich sagte man ihr dies nicht so frank und frei. Obwohl sie von Komplimenten verwöhnt war – wie sollte sie es nicht sein nach geschlagenen achtundzwanzig Jahren –, verwunderte sie die Offenheit, mit der es geschah, und das von einer Frau.

»Sehr freundlich von Ihnen, dass Sie das denken«, sagte sie.

»Aber Sie sind wunderschön«, sagte Mrs. Wilkins. »Wirklich, ganz wunderschön.«

»Hoffentlich«, sagte Mrs. Arbuthnot in liebenswürdigem Ton, »machen Sie das Beste daraus.«

Lady Caroline starrte darauf Mrs. Arbuthnot an. »Oh, ja«, sagte sie. »Ich mache das Beste daraus. Tue ich, seit ich denken kann.«

»Weil es nämlich«, sagte Mrs. Arbuthnot lächelnd und hob warnend den Zeigefinger, »nicht ewig währt.«

Lady Caroline musste nun befürchten, diese zwei Damen seien exzentrisch. Wenn das stimmte, würde sie sich langweilen. Nichts langweilte sie so sehr wie Leute, die darauf bestanden, exzentrisch zu sein, sich wie Kletten an sie hängten und sie dumm herumstehen ließen. Und die eine, die Bewunderin – es würde lästig werden, wenn die ihr ständig auf den Fersen blieb, um sie anzuschauen. Sie wünschte sich von diesen Ferien ein Wegkommen von allem Bisherigen, sie wünschte sich Erholung durch völligen Kontrast. Bewundert und beharrlich verfolgt zu werden, war kein Kontrast, es war das Ewiggleiche; und sich mit zwei Exzentrikerinnen zusammengesperrt zu finden, oben auf einem steilen Hügel in einem mittelalterlichen Castello, das ausdrücklich zum Zweck erbaut worden war, ein leichtes Ein und Aus zu verhindern, würde, befürchtete sie, nicht besonders erholsam sein. Vielleicht sollte sie lieber weniger entgegenkommend sein. Sie waren ihr als solch ängstliche Geschöpfe erschienen, selbst die Dunkle – sie konnte sich nicht an ihre Namen erinnern –, damals im Club, dass sie es für ungefährlich gehalten hatte, betont freundlich zu sein. Nun waren sie hier bereits aus ihren Schalen geschlüpft; mit einem Mal. Und nichts von Ängstlichkeit bei ihnen festzustellen. Wenn sie denn beim allerersten Kontakt so rasch aus ihren Schalen geschlüpft waren, würden sie sich ihr, wenn nicht im Zaum gehalten, bald aufdrängen, und dann hieße es Abschied nehmen vom Traum ihrer dreißig stillen erholsamen Tage, wo sie ungestört in der Sonne lag, ihren inneren Frieden fand und nicht angequatscht, hofiert und total in Beschlag genommen wurde, sondern sich einfach von der Mattigkeit erholte, der tiefen, düsteren Mattigkeit des Zuviels.

Außerdem gab es noch Mrs. Fisher. Auch sie musste im Zaum gehalten werden. Lady Caroline war aus zwei Gründen zwei Tage früher als abgemacht aufgebrochen: Erstens wollte sie vor den anderen ankommen, um sich das Zimmer oder die Zimmer auszusuchen, die ihr am meisten zusagten, und zweitens hielt sie es für wahrscheinlich, dass sie sonst mit Mrs. Fisher hätte reisen müssen. Sie wollte nicht mit Mrs. Fisher reisen. Ebenso wenig mit Mrs. Fisher ankommen. Sie sah überhaupt keinen Grund, warum sie auch nur einen Augenblick lang etwas mit Mrs. Fisher zu tun haben sollte.
Unglücklicherweise war aber Mrs. Fisher ebenfalls von dem Verlangen erfüllt, als Erste in San Salvatore anzukommen und sich das Zimmer oder die Zimmer auszusuchen, die ihr am meisten zusagten, und sie und Lady

Caroline waren schließlich doch zusammen gereist. Bereits in Calais begannen sie es zu vermuten; in Paris zu befürchten; in Modane wurde es Gewissheit; in Mezzago versuchten sie es zu verbergen, indem sie in zwei separaten Droschken nach Castagneto fuhren, wobei die Nase der einen während der Fahrt fast den Nacken der anderen berührte. Aber als der Weg plötzlich vor der Kirche und den Stufen endete, war weiteres Ausweichen unmöglich; und angesichts dieses jähen und schwierigen Finales ihrer Reise blieb ihnen nichts anderes übrig, als sich zusammenzutun.

Wegen Mrs. Fishers Stock musste sich Lady Caroline um alles kümmern. Im Planen sei sie zwar rege, erklärte Mrs. Fisher aus ihrer Droschke, nachdem ihr die Situation klar geworden war, aber leider verhindere ihr Stock die Ausführung. Die beiden Kutscher sagten Lady Caroline, Jungen aus dem Dorf müssten das Gepäck zum Castello hinauftragen, und sie machte sich auf die Suche nach ihnen, während Mrs. Fisher wegen ihres Stockes in der Droschke wartete. Mrs. Fisher konnte Italienisch, aber nur, wie sie erläuterte, Dantes Italienisch, das Matthew Arnold mit ihr zu lesen pflegte, als sie ein kleines Mädchen war, und sie glaubte, das gehe wohl über die Köpfe der Jungen. Und darum war Lady Caroline, sie konnte sehr gut das ganz normale Italienisch, offensichtlich diejenige, die alles erledigen musste.

»Ich bin in Ihren Händen«, sagte Mrs. Fisher, die ruhig in ihrer Droschke saß. »Bitte sehen Sie in mir nur eine alte Frau mit Stock.«

Und wenig später, als es die Stufen und das Kopfsteinpflaster zu der Piazza hinunter und den Kai entlangging, dann den Zickzackweg hoch, sah Lady Caroline sich gezwungen, so langsam mit Mrs. Fisher zu wandeln, als wäre es ihre eigene Großmutter.

»Tja, mein Stock«, bemerkte Mrs. Fisher hin und wieder selbstzufrieden.

Und als sie sich an einer Biegung des Zickzackweges, wo Plätze waren, ausruhten und Lady Caroline, die gern weitergelaufen wäre, um schnell ganz nach oben zu gelangen, aus Menschlichkeit genötigt war, wegen des Stockes bei Mrs. Fisher zu bleiben, erzählte ihr Mrs. Fisher, wie sie einmal mit Tennyson auf einem Zickzackweg spaziert war.

»Ist sein ›Heimchen am Herd‹ nicht wunderbar?«, fragte Lady Caroline geistesabwesend.

»Der Tennyson«, sagte Mrs. Fisher, wandte ihr den Kopf zu und beobachtete sie einen Augenblick lang über ihre Brille.

»Nicht?«, sagte Lady Caroline.

»Ich spreche von Alfred«, sagte Mrs. Fisher.
»Oh«, sagte Lady Caroline.
»Und es war auch ein Weg«, fuhr Mrs. Fisher unnachsichtig fort, »seltsamerweise wie der hier. Kein Eukalyptus natürlich, ansonsten aber seltsamerweise wie der hier. Und an einer Biegung wandte er sich mir zu und sagte – ich sehe genau, wie er sich mir zuwendet und sagt ...«
Ja, Mrs. Fisher musste im Zaum gehalten werden. Ebenso diese beiden am Fenster. Vielleicht besser, gleich damit anzufangen.
Sie bedauerte es, dass sie ihre Mauer verlassen hatte. Sie hätte ihnen bloß zuwinken und warten sollen, bis sie zu ihr in den Garten hinuntergekommen wären.

Und so ignorierte sie Mrs. Arbuthnots Bemerkung und den erhobenen Zeigefinger und sagte betont kühl – zumindest versuchte sie, es kühl klingen zu lassen –, vermutlich gingen sie jetzt frühstücken, was sie schon getan habe; aber ihr Los war es, dass ihre Worte, wie kühl sie auch beabsichtigt waren, immer warm und liebenswürdig klangen. Sie hatte nämlich eine einnehmende und bezaubernde Stimme, was einzig und allein auf eine spezielle Formation der Kehle und des Gaumens zurückzuführen war und überhaupt nichts mit dem zu tun hatte, was sie gerade fühlte. Folglich glaubte nie jemand, er werde barsch angefahren. Es war richtig lästig. Und wenn sie einen eisigen Blick wagte, wirkte er überhaupt nicht eisig, denn ihre Augen, liebliche Augen, um es gleich zu sagen, hatten als zusätzlichen Liebreiz lange, sanfte, dunkle Wimpern. Kein eisiger Blick konnte aus Augen wie diesen dringen; er wurde aufgefangen in den sanften Wimpern, und die Angestarrten dachten nur, dass man sie mit einer schmeichelhaften und erlesenen Aufmerksamkeit betrachtete. Und war sie je schlecht gelaunt oder richtig verärgert – und wer ist das nicht manchmal in dieser Welt? –, sah sie nur so traurig aus, dass jedermann auf sie zueilte, um sie zu trösten, wenn möglich mit einem Kuss. Es war mehr als lästig, es war zum Verrücktwerden. Die Natur hatte entschieden, ihr Aussehen und ihre Stimme sollten engelhaft sein. Sie konnte nie unliebsam oder grob sein, ohne völlig missverstanden zu werden.
»Ich habe auf meinem Zimmer gefrühstückt«, sagte sie und tat ihr Möglichstes, um schroff zu klingen. »Vielleicht sehe ich Sie später.«
Sie nickte ihnen zu und ging zurück zu ihrem Platz auf der Mauer, wo die Lilien sich so angenehm kühl um ihre Füße schmiegten.

# *Im Frühjahr*

KEHRT DIE WÄRME IN DIE KNOCHEN ZURÜCK.

*Vergil*

## THEODOR STORM (1817–1888)

# Frühling

Nun ist er endlich kommen doch
in grünem Knospenschuh.
»Er kam, er kam ja immer noch«,
die Bäume nicken sich's zu.
Sie konnten ihn all erwarten kaum,
nun treiben sie Schuss auf Schuss;
im Garten der alte Apfelbaum,
er sträubt sich, aber er muss.
Wohl zögert auch das alte Herz
und atmet noch nicht frei,
es bangt und sorgt: »Es ist erst März,
und März ist noch nicht Mai.«
O schüttle ab den schweren Traum
und die lange Winterruh:
Es wagt es der alte Apfelbaum,
Herze, wag's auch du.

## ALFRED ANDERSCH (1914–1980)

# Paris, 1. Mai 1977

sich an den händen fassen
die augen zumachen
und losrennen
daran
daß euch dieser wunsch
überfällt erkennt ihr
die ankunft der liebe
dann
dürft ihr nicht zögern
faßt euch an den händen
macht die augen zu
rennt los

## JOHANN WOLFGANG VON GOETHE (1749–1832)

# Sizilische Gärten

*Palermo, Sonnabend, den 7. April*

In dem öffentlichen Garten, unmittelbar an der Reede, brachte ich im Stillen die vergnügtesten Stunden zu. Es ist der wunderbarste Ort von der Welt. Regelmäßig angelegt, scheint er uns doch feenhaft; vor nicht gar langer Zeit gepflanzt, versetzt er ins Altertum. Grüne Beeteinfassungen umschließen fremde Gewächse, Zitronenspaliere wölben sich zum niedlichen Laubengange, hohe Wände des Oleanders, geschmückt von tausend roten nelkenhaften Blüten, locken das Auge. Ganz fremde mir unbekannte Bäume, noch ohne Laub, wahrscheinlich aus wärmern Gegenden, verbreiten seltsame Zweige. Eine hinter dem flachen Raum erhöhte Bank lässt einen so wundersam verschlungenen Wachstum übersehen und lenkt den Blick zuletzt auf große Bassins, in welchen Gold- und Silberfische sich gar lieblich bewegen, bald sich unter bemooste Röhren verbergen, bald wieder scharenweis, durch einen Bissen Brot gelockt, sich versammeln. An den Pflanzen erscheint durchaus ein Grün, das wir nicht gewohnt sind, bald gelblicher, bald blaulicher als bei uns. Was aber dem Ganzen die wundersamste Anmut verlieh, war ein starker Duft, der sich über alles gleichförmig verbreitete, mit so merklicher Wirkung, dass die Gegenstände, auch nur einige Schritte hintereinander entfernt, sich entschiedener hellblau voneinander absetzten, sodass ihre eigentümliche Farbe zuletzt verloren ging, oder wenigstens sehr überbläut sie sich dem Auge darstellten.

Welche wundersame Ansicht ein solcher Duft entfernteren Gegenständen, Schiffen, Vorgebirgen erteilt, ist für ein malerisches Auge merkwürdig genug, indem die Distanzen genau zu unterscheiden, ja zu messen sind; deswegen auch ein Spaziergang auf die Höhe höchst reizend ward. Man sah keine Natur mehr, sondern nur Bilder, wie sie der künstlichste Maler durch Lasieren auseinander gestuft hätte.

Aber der Eindruck jenes Wundergartens war mir zu tief geblieben; die schwärzlichen Wellen am nördlichen Horizonte, ihr Anstreben an die Buchtkrümmungen, selbst der eigene Geruch des dünstenden Meeres, das alles rief mir die Insel der seligen Phäaken in die Sinne sowie ins Gedächtnis. Ich eilte sogleich einen Homer zu kaufen, jenen Gesang mit großer Erbauung zu lesen und eine Übersetzung aus dem Stegreif Kniepen vorzutragen, der wohl verdiente, bei einem guten Glase Wein von seinen strengen heutigen Bemühungen behaglich auszuruhen.

PAUL NIZON (*1929)

# 18. März 1997, Paris

Dieses Jahr ist mir das Knospen und das Schlüpfen der Kastanienblätter in den Tuilerien nicht entgangen, ich habe alle Stadien genau verfolgt, ich war, könnte ich sagen, dabei(gewesen). Weiß der Himmel, was die Erregung, was das Glück ist beim Anblick dieser Vorgänge. Bereits wenn sich an den Trieben die dunkelbraunen klebrigen Knospen bilden, verschlägt es mir vor Staunen den Atem wie zu einem Stoßgebet. Warum bin ich von nun an in gestauter Erwartung elektrisiert, als gelte es nicht nur dem Beiwohnen des Wunders, sondern einer zutiefst mich betreffenden Offenbarung? Dann sind Tage später die ersten geplatzten Knospen mit der Spur Innengrün anzutreffen, das Grün von der bezauberndsten Frische, nein Unschuld, das Geburtsgrün! Andeutung von Enthüllung. Es gibt die frühentwickelten Bäume, eine Art Avantgarde, während die meisten dunklen Stämme rundum einzig ihre glänzenden Triebe recken. Doch einige Knospen sind gesprungen, und nun muß ich den ganzen Park ablaufen unter den Kronen inmitten der mächtigen Stämme, ich laufe wie ein Aufseher, wie ein Natur-Geheimagent unter den Stämmen. Anderntags beginnt da und dort das Ausschlüpfen, die gefälteten Blättchen mit dem unaussprechlich jugendfrischen Hellgrün, einem Grün, wie man es nirgends sieht, wie knochenlose Händchen, die sich öffnen. Und am nächsten Tag sind es hängende Blättchen, grün materialisierter Duft. Und sich das Platzen vorzustellen, den lautlosen Knall überall, das Schlüpfen. Das Knospenspringen ist dann wie ein riesiges Knüpfwerk durch den Raum gebreitet, und Tage später stehen die Bäume in ganzen Familien und Heerscharen in grünem Flaum. Es ist das Wunder des Anfangs. Es ist die Geburt der Schönheit.

Es geht mir durch und durch. Ich bin verzaubert. Ich laufe nach Hause und setze mich an die Arbeit, um es dem Werden draußen gleichzutun. Es muß geschehen, es muß jetzt geschehen. Wenn nicht, ist der herrliche Moment verpaßt, die Gnadenfrist vertan.

## WILHELM BUSCH (1832–1908)

# Frühlingsball der Tiere

Es war die erste Maiennacht.
Kein Mensch im Dorf hat mehr gewacht.
Da hielten, wie es stets der Fall,
die Tiere ihren Frühlingsball.
Die Gans, die gute Adelheid,
fehlt nie bei solcher Festlichkeit,
obgleich man sie nach altem Brauch
zu necken pflegt. So heute auch.
Frau Schnabel, nannte sie der Kater,
Frau Plattfuß, rief der Ziegenvater;
doch sie, zwar lächelnd, aber kühl,
hüllt sich in sanftes Selbstgefühl.
So saß sie denn in ödem Schweigen
allein für sich bei Spiel und Reigen,
bei Freudenlärm und Jubeljux.
Sieh da, zum Schluss hat auch der Fuchs
sich ungeladen eingedrängelt.
Schlau hat er sich herangeschlängelt.
Ihr Diener, säuselt er galant,
wie geht's der Schönsten in Brabant?
Ich küss' der gnäd'gen Frau den Fittich.
Ist noch ein Tänzchen frei, so bitt ich.
Sie nickt verschämt: O Herr Baron!
Indem, so walzen sie auch schon.
Wie trippeln die Füße, wie wippeln die Schwänze
im lustigen Kehraus, dem letzten der Tänze.
Da tönt es vier mit lautem Schlag.
Das Fest ist aus. Es naht der Tag.

Bald drauf im frühsten Morgenschimmer
ging Mutter Urschel aus, wie immer
mit Korb und Sichel, um verstohlen
sich etwas fremden Klee zu holen.
An einer Ecke bleibt sie stehn:
Herrje, was ist denn hier geschehn?
Die Füchse, sag ich, soll man rädern.
Das sind wahrhaftig Gänsefedern.
Ein frisches Ei liegt dicht daneben.
Ich bin so frei, es aufzuheben.
Ach, armes Tier, sprach sie bewegt,
dies Ei hast du vor Angst gelegt.

ASTRID LINDGREN (1907–2002) UND
LOUISE HARTUNG (1905–1965)

# Briefe einer Freundschaft

*Stockholm, 26.5.1954*

Liebe Louise Hartungchen!
Wie schön, dass es Menschen gibt, von denen man weiß, dass sie einem verzeihen, obwohl man sich unverzeihlich benommen hat. Ich habe so lange geschwiegen, aber ich gehe ganz ruhig davon aus, dass Sie mir trotzdem nicht zürnen. Bevor ich noch etwas sage, möchte ich (obgleich Sie beteuern, das sei nicht nötig) für all die Blumen danken. Wissen Sie, dass Blumen absolut nötig für mich sind? Und Sie schicken mir einen ganzen Armvoll. Eine Sendung habe ich mit in den Verlag genommen. Ich war gerade in ein neues Zimmer umgezogen, und die Blumen standen auf dem Schreibtisch und erleuchteten den ganzen Raum, und jeder, der die Treppe heraufkam, fiel bei ihrem Anblick in Trance. Die nächste Sendung habe ich mit in mein Landhaus genommen, weil sie kamen, als ich gerade dorthin fahren wollte. Ich hatte eine ganze Schale voll, und es war ein herrlicher Anblick. Vor einer Weile kam eine dritte Sendung, was für ein Flieder! Ihr Garten muss ein wahrer Lustgarten sein. Wie leer die Welt ohne Blumen wäre. Ich habe Blumen und Bäume so gern. (Schicken Sie mir jetzt aber auf keinen Fall einen Baum – ich glaube, Sie wären imstande, loszugehen und eine Linde auf der Straße Unter den Linden zu fällen, falls Unter den Linden noch Linden stehen.) Aber dennoch. Blumen und Bäume – wie leer wäre die Welt ohne sie.

Nun will ich ein bisschen erzählen, warum ich so lange geschwiegen habe. 1) Ich habe gearbeitet wie ein Sklave, teilweise an zahlreichen Rundfunkprogrammen, teilweise im Verlag, teilweise an meinem neuen Buch, das jetzt beendet ist. (Ich schicke ein Manuskript an Oetinger. Wenn die Zeit reif und es einmal übersetzt ist, wäre ich sehr dankbar, wenn Sie mir einen besonderen Gefallen täten und die Übersetzung durchsehen und mit dem schwedischen Original vergleichen würden, weil es in diesem Buch mehr als sonst so sehr

auf die Satzmelodie ankommt.) 2) Ich bin ein bisschen krank gewesen und zu dem Schluss gekommen, dass ich Gallensteine habe. Freilich nicht durch Röntgen festgestellt, aber die Symptome stimmen. Meine Schmerzen waren nicht unerträglich, aber auch ein kleiner bohrender Schmerz trägt dazu bei, dass man gerade keine Briefe schreibt. 3) Ich werde nach Italien fahren. Das wurde fröhlich und fix entschieden. SAS (Scandinavian Airlines System) hat mich nämlich zu einer Flugreise nach Rom eingeladen, und der Verlockung konnte ich nicht widerstehen. Ich nehme meine Tochter mit und fahre für drei Wochen dorthin. Da dies so schnell gekommen ist, hat es zur Folge, dass Tausendmillionen Sachen vorher erledigt werden müssen. Und jetzt erscheint mir nichts erholsamer, als irgendwohin zu kommen, wo man telefonisch nicht erreichbar ist und wo es keine Menschen gibt, die einen kennen. Ich bin ziemlich müde und habe große Sehnsucht danach, mich auszuruhen. Meine Englandreise wird deshalb etwas aufgeschoben, aber ich habe den Kindern versprochen, dass noch etwas daraus wird, und mein Wort muss ich halten.

Ich möchte sehr gern wissen, wann Sie Ihren Urlaub planen. Sollte ich unglücklicherweise erst Ende August wieder in Schweden sein, haben Sie dann noch einige Tage frei? Sie arbeiten sich hoffentlich nicht zu Tode vor Ihrem Urlaub? Ich kann förmlich sehen, wie Sie von Westfalen nach Berlin stürmen und überall arbeiten, arbeiten, arbeiten.

Du lieber Gott, wie schön es im Augenblick ist. Frühling und die große Wärme sind nun wirklich angekommen. Das helle Grün ist das Wunderbarste, was es gibt, und man wird ganz wehmütig von all dieser Schönheit, die jeden Frühling zurückkehrt und von der man weiß, dass sie wieder und wieder und wieder kommt, auch wenn es einen nicht mehr gibt.

Könnten Sie mir nicht ein paar Zeilen nach Italien schreiben. Z. B. vor dem 3. Juni ans Hotel Quirinale, Via Nazionale 7, Rom. Oder vor dem 15. Juni ans Hotel Syrene, Sorrento, oder vor dem 21. Juni ans Park Hotel, Locarno. (Wenn ich an Ascone vorbeikomme, werde ich lauschen, ob es dort ein Echo ihrer *silberne Stimme* gibt.) (...)

Danke und lassen Sie es sich gutgehen, und arbeiten Sie sich nicht zu Tode und schreiben Sie bald.

In Verbundenheit

*Astrid Lindgren*

Oje, in diesem Brief wimmelt es von »ich«.

*Berlin, 30.5.1954*

Liebe – jetzt fliegen Sie schon über Deutschland! Wie ich mich freue, dass Sie diese Italienreise jetzt machen. (...) Wenn ich mir auch nur vorstelle, Sie können einen heftigen Gallenanfall bekommen, rege ich mich schon auf, wie soll das werden, wenn Sie ernsthaft krank werden? Ich will darüber jetzt nicht nachdenken, aber ich glaube, ich halte das nicht gut aus. Sie müssen schon mit Rücksicht auf andere gesund bleiben.

– Wie schön, dass Sie Ihr Buch abgeschlossen haben, ich habe Sie niemals gefragt, während Sie schrieben, wie es heißen wird, wovon es handelt, nichts gefragt, was mich brennend interessiert, weil ich weiß, wie ungern es sich von halbfertigen Dingen erzählt. Aber dass Sie jetzt auch so schweigsam bleiben, sollte Ihnen nicht so schnell verziehen werden. – Es gäbe wohl nichts, was ich nicht gern für Sie tun würde, aber sicherlich nichts, was ich lieber täte, als Ihr Buch zu lesen und mit der Übertragung zu vergleichen. Aber nicht, um mir *eine besondere Gunst zu erweisen* – wenn Sie anfangen, die Sprache der chinesischen Mandarine einzuführen – die kann ich auch –, dann gnade Ihnen Gott! Dann wird Ihr unwürdiger Diener, den Sie huldvoll, aber maßlos überschätzen, seine bescheidenen Kräfte daransetzen, sich der unverdienten Gunst würdig zu erweisen, und Ihre erleuchteten Zeilen mit gesenkten Blicken zu verstehen zu versuchen.

Ich glaube wohl, dass sich ziemlich gut weiß, wie sehr Sie Blumen lieben. Nun wäre ja die Fleurop ein einfacheres Verfahren, aber das sind ja dann nicht die Blumen, die ich auch liebe. Ich erinnere mich genau an alles, was Sie gedacht haben, als Sie in Berlin in einem Heim als besondere Ehrung einen schauerlichen Strauß von töricht zusammengehäuften Blumen bekamen, bis ich Sie davon befreite. Sie haben so eine erstaunliche Art, laut zu denken, und es fiel mir so leicht, ohne ein einziges gesprochenes Wort mich mit Ihren Gedanken zu unterhalten. Welch ein seltsames Spiel! Und niemals werde ich den Abend im Schlosspark-Theater vergessen. Oh, wie war ich verwirrt! Dass ich an einem Kino Karten fürs Theater kaufen wollte, dabei kenne ich das Theater aus eigenem Auftreten in- und auswendig! Mir war an dem ganzen Abend, als wäre ich mit Ihnen allein auf der Welt, es war wie ein Wiedersehen mit einem Menschen, den ich seit vielen, vielen Jahren kenne, und nichts, nichts, nichts war mir fremd, jede Wesensäußerung war mir vertraut und alles gleichermaßen lieb. Ich fühlte mich mit meinem ganzen Sein eingefangen von den Ausstrahlungen eines Menschen, der mir über alle Maßen liebenswert erschien. Erscheint! Immer noch! Immer wieder!
Bitte schreiben Sie, ob Sie ganz gesund sind!

Herzlichst

*Ihre Louise Hartung*

✳

ARNO HOLZ (1863–1929)

# Schönes, grünes, weiches Gras

Schönes, grünes, weiches Gras.
Drin liege ich.
Mitten zwischen Butterblumen!
Über mir,
warm,
der Himmel:
ein weites, zitterndes Weiß,
das mir die Augen langsam, ganz langsam
schließt.
Wehende Luft, ... ein zartes Summen.
Nun bin ich fern
von jeder Welt,
ein sanftes Rot erfüllt mich ganz,
und deutlich spür ich,
wie die Sonne mir durchs Blut rinnt
minutenlang.
Versunken alles. Nur noch ich.
Selig.

## Der Frühling ist

EINE ECHTE AUFERSTEHUNG,
EIN STÜCK UNSTERBLICHKEIT.

*Henry David Thoreau*

OSCAR WILDE (1854–1900)

# Der eigensüchtige Riese

An jedem Nachmittag, wenn die Kinder aus der Schule kamen, gingen sie in den Garten des Riesen und spielten da.

Es war ein großer hübscher Garten mit weichem grünem Gras. Hier und da auf dem Rasen standen schöne Blumen wie Sterne, und da waren auch zwölf Pfirsichbäume, die im Frühling zartrosa und perlweiß blühten und im Herbst reiche Frucht trugen. Die Vögel saßen auf den Bäumen und sangen so süß, dass die Kinder immer wieder in ihren Spielen innehielten, um zu lauschen. »Wie glücklich wir hier doch sind!«, riefen sie einander zu.

Eines Tages kam der Riese nach Haus. Er war auf Besuch bei seinem Freund, dem gehörnten Menschenfresser, gewesen und sieben Jahre bei ihm geblieben. Als die sieben Jahre um waren, war alles gesagt, was er ihm zu sagen hatte, denn sein Gesprächsstoff war sehr beschränkt, und so beschloss er, auf sein eigenes Schloss zurückzukehren. Als er nach Hause kam, sah er die Kinder in seinem Garten spielen. »Was tut ihr hier?«, rief er sehr mürrisch, und die Kinder liefen weg. »Mein Garten, das ist mein Garten«, sagte der Riese, »das sieht jeder ein, und ich erlaube niemandem sonst, darin zu spielen, als mir selber.« Also baute er eine mächtige Mauer ringsum und stellte eine Warntafel auf:

Unbefugtes Betreten dieses Grundstücks
ist bei Strafe verboten!

Es war ein sehr eigensüchtiger Riese.
Die armen Kinder hatten jetzt nichts mehr, wo sie spielen konnten. Sie versuchten's auf der Landstraße, aber die Landstraße war sehr staubig und steinig, und sie mochten sie nicht leiden. So gingen sie also, wenn die Schule aus war, um die große Mauer herum und sprachen von dem schönen Garten dahinter. »Wie glücklich waren wir da«, sagten sie zueinander. Dann kam

der Frühling, und über der ganzen Gegend waren kleine Blüten und kleine Vögel. Bloß in dem Garten des eigensüchtigen Riesen blieb es Winter. Die Vögel machten sich nichts daraus, darin zu singen, weil keine Kinder da waren, und die Bäume vergaßen zu blühen. Einmal steckte eine schöne Blume ihr Köpfchen aus dem Gras hervor, aber als sie die Warntafel sah, war sie so betrübt um die Kinder, dass sie wieder in den Boden hineinschlüpfte und weiterschlief. Die einzigen Leute, die sich freuten, waren der Schnee und der Frost. »Der Frühling hat diesen Garten vergessen«, riefen sie, »so wollen wir hier das ganze Jahr hindurch leben.« Der Schnee deckte das Gras mit seinem großen weißen Mantel, und der Frost bemalte alle Bäume silberweiß. Dann luden sie den Nordwind ein, bei ihnen zu wohnen, und er kam. Er war in Pelze ganz eingehüllt und brüllte den ganzen Tag durch den Garten und blies die Schornsteine herunter. »Das ist ein ganz herrlicher Platz«, sagte er, »wir müssen den Hagel auf eine Visite bitten.« Und so kam der Hagel. Jeden Tag prasselte er drei Stunden lang auf das Schlossdach herunter, bis er fast alle Schieferplatten zerbrochen hatte, und dann lief er rund um den Garten, so schnell er nur konnte. Er war ganz grau angezogen, und sein Atem war wie Eis.

»Ich verstehe nicht, warum der Frühling so spät kommt«, sagte der eigensüchtige Riese, als er am Fenster saß und auf seinen kalten weißen Garten hinuntersah. »Ich hoffe, das Wetter ändert sich bald.« Aber der Frühling kam nie und auch nicht der Sommer. Der Herbst gab jedem Garten goldene Früchte, aber dem Garten des Riesen gab er keine. »Er ist zu eigensüchtig«, sagte der Herbst. So war es da immer Winter, und der Nordwind und der Hagel und der Frost und der Schnee tanzten um die Bäume.

Eines Morgens lag der Riese wach im Bette, als er eine liebliche Musik vernahm. Es klang so süß an seine Ohren, dass er dachte, die Musikanten des Königs zögen vorüber. Aber es war bloß ein kleiner Hänfling, der vor

seinem Fenster sang, nur hatte er so lange keinen Vogel mehr in seinem Garten singen hören, dass es ihm wie die schönste Musik der Welt vorkam. Da hörte der Hagel auf, über seinem Kopf zu tanzen, und der Nordwind zu blasen, und ein köstlicher Duft kam zu ihm durch den geöffneten Fensterflügel. »Ich glaube, der Frühling ist endlich gekommen«, sagte der Riese; und er sprang aus dem Bett und schaute hinaus.
Und was sah er?

Er sah etwas ganz Wunderbares. Durch ein kleines Loch in der Mauer waren die Kinder hereingekrochen und saßen in den Zweigen der Bäume. In jedem Baum, den er sehen konnte, saß ein kleines Kind. Und die Bäume waren so froh, die Kinder wieder bei sich zu haben, dass sie sich ganz mit Blüten bedeckt hatten und ihre Arme anmutig über den Köpfen der Kinder bewegten. Die Vögel flogen umher und zwitscherten vor Entzücken, und die Blumen guckten aus dem grünen Gras hervor und lachten. Es war entzückend anzusehen, und nur in einem Winkel war es noch Winter, und dort stand ein kleiner Junge. Er war so klein, dass er nicht an die Äste hinaufreichen konnte, und er lief immer um den Baum herum und weinte bitterlich. Der arme Baum war noch ganz bedeckt mit Frost und Schnee, und der Nordwind blies und heulte über ihm. »Klettere herauf, kleiner Junge«, sagte der Baum und senkte seine Äste, so tief er konnte, aber der Junge war zu klein.

Da wurde des Riesen Herz weich, als er das sah. »Wie eigensüchtig ich doch war!«, sagte er; »jetzt weiß ich, weshalb der Frühling nicht hierherkommen wollte. Ich will dem armen kleinen Jungen auf den Baumwipfel helfen, und dann will ich die Mauer umwerfen, und mein Garten soll für alle Zeit der Spielplatz der Kinder sein.« Er war wirklich sehr betrübt über das, was er getan hatte.

So schlich er hinunter und öffnete ganz leise das Tor und trat in den Garten. Aber als die Kinder ihn sahen, erschraken sie so, dass sie alle wegliefen, und im Garten wurde es wieder Winter. Bloß der kleine Junge lief nicht weg, denn seine Augen waren so voll Tränen, dass er den Riesen nicht kommen sah. Und der Riese kam leise hinter ihm heran, nahm ihn zärtlich auf seine Hand und setzte ihn hinauf in den Baum. Und sogleich fing der Baum zu blühen an, und die Vögel kamen und sangen in ihm, und der kleine Junge breitete seine

Ärmchen aus, schlang sie um den Hals des Riesen und küsste ihn auf den Mund. Und wie die anderen Kinder sahen, dass der Riese nicht mehr böse war, kamen sie schnell zurückgelaufen, und mit ihnen kam auch der Frühling. Der Garten gehört jetzt euch, Kinderlein«, sagte der Riese, und er nahm eine große Axt und hieb die Mauer um. Und als die Leute um zwölf Uhr zum Markt gingen, sahen sie den Riesen mit den Kindern spielen, in dem schönsten Garten, den sie je geschaut hatten.

Den ganzen Tag spielten sie, und am Abend kamen sie zum Riesen und wünschten ihm eine gute Nacht.
»Aber wo ist denn euer kleiner Kamerad?«, fragte er, »der Junge, dem ich auf den Baum geholfen habe?« Der Riese liebte ihn am meisten, weil er ihn geküsst hatte.

»Wir wissen's nicht, er ist fortgegangen.«
»Ihr müsst ihm sagen, er soll sicher morgen wiederkommen«, sagte der Riese. Aber die Kinder antworteten, sie wüssten nicht, wo er wohne, und sie hätten ihn zuvor nie gesehen; da wurde der Riese sehr traurig.

Jeden Nachmittag nach Schluss der Schule kamen die Kinder und spielten mit dem Riesen. Aber der kleine Knabe, den der Riese so liebte, ließ sich nie mehr sehen. Der Riese war sehr gut mit den Kindern, aber er sehnte sich nach seinem kleinen Freunde und sprach oft von ihm. »Wie gern möcht' ich ihn wiedersehen!«, sagte er immer und immer.

Jahre vergingen, und der Riese wurde sehr alt und schwach. Er konnte nicht mehr unten mit den Kindern spielen, und so saß er in seinem mächtigen Armstuhl und sah ihnen zu und freute sich an seinem Garten. »Ich habe viele schöne Blumen«, sagte er; »aber die allerschönsten Blumen von allen sind die Kinder.«

An einem Wintermorgen sah er beim Ankleiden aus seinem Fenster. Jetzt hasste er den Winter nicht mehr, denn er wusste, dass der Frühling nur schlief und die Blumen sich ausruhten.

Plötzlich rieb er sich verwundert die Augen und sah und sah. Es war wirklich ein wundersamer Anblick. Im fernsten Winkel des Gartens war ein Baum ganz bedeckt mit lieblichen weißen Blüten. Seine Äste waren lauter Gold, und silberne Früchte hingen an ihnen, und darunter stand der kleine Knabe, den er so geliebt hatte.

Hocherfreut eilte der Riese die Treppe hinunter und in den Garten. Er lief über den Rasen auf das Kind zu. Und als er ihm ganz nahe gekommen war, wurde sein Gesicht rot vor Zorn, und er sagte: »Wer hat es gewagt, dich zu verwunden?« Denn an den Handflächen des Kindes waren Male von zwei Nägeln, und Male von zwei Nägeln waren an den kleinen Füßen.

»Wer hat es gewagt, dich zu verwunden?«, rief der Riese; »sag es mir, damit ich mein großes Schwert nehme und ihn erschlage.«

»Ach nein«, antwortete das Kind; »dies sind die Wunden der Liebe.«

»Wer bist du?«, sagte der Riese, und eine seltsame Scheu überkam ihn, und er kniete nieder vor dem kleinen Kinde.

Und das Kind lächelte den Riesen an und sprach zu ihm: »Du ließest mich einst in deinem Garten spielen, heute sollst du mit mir kommen in meinen Garten, in das Paradies.«

Und als die Kinder an diesem Nachmittag hereinstürmten, da fanden sie den Riesen tot unter dem Baume liegen und ganz bedeckt mit weißen Blüten.

## HERMANN HESSE (1877–1962)

# Rosa

Ich stand auf einem der Felshügel über meiner kleinen Heimatstadt, es roch nach Tauwind und ersten Veilchen, aus dem Städtchen blitzte der Fluss herauf und die Fenster meines Vaterhauses, und das alles blickte, klang und roch so rauschend voll, so neu und schöpfungstrunken, strahlte so farbentief und wehte im Frühlingswinde so überwirklich und verklärt, wie ich einst in den vollsten, dichterischen Stunden meiner ersten Jugend die Welt gesehen hatte. Ich stand auf dem Hügel, der Wind strich mir durchs lange Haar; mit irrender Hand, in träumerische Liebessehnsucht verloren, riss ich vom eben ergrünenden Gebüsch eine junge halboffne Blattknospe, hielt sie vors Auge, roch an ihr (und schon bei diesem Geruch fiel alles von damals mir wieder glühend ein), dann fasste ich das kleine grüne Ding spielend mit den Lippen, die noch immer kein Mädchen geküsst hatten, und begann es zu kauen. Und bei diesem herben, aromatisch bitteren Geschmack wusste ich plötzlich genau, was ich erlebe, alles war wieder da. Ich erlebte eine Stunde aus meinem letzten Knabenjahr wieder, einen Sonntagnachmittag im ersten Frühling, jenen Tag, an dem ich auf meinem einsamen Spaziergang die Rosa Kreisler angetroffen, und sie so schüchtern gegrüßt, und mich so betäubend in sie verliebt hatte.

Damals hatte ich dem schönen Mädchen, das allein und träumerisch bergaufwärts gegangen kam und mich noch nicht sah, voll banger Erwartung entgegengesehen, hatte ihr Haar gesehen, das in dicken Zöpfen aufgebunden war und doch noch zu beiden Seiten der Wangen offne Strähnen hatte, die im Winde spielten und flossen. Ich hatte gesehen, zum ersten Mal in meinem Leben, wie schön dies Mädchen war, wie schön und traumhaft dies Spiel des Windes in ihrem zarten Haar, wie schön und sehnsuchtweckend der Fall ihres dünnen blauen Kleides über die jungen Glieder hinab, und ebenso, wie mich mit dem bitter-würzigen Geschmack der zerkauten Knospe die ganze bange süße Lust und Angst des Frühlings durchtränkte, so erfüllte mich beim Anblick des Mädchens die ganze tödliche Ahnung der

Liebe, die Ahnung vom Weibe, das erschütternde Vorgefühl ungeheurer Möglichkeiten und Versprechungen, namenloser Wonnen, unausdenklicher Verwirrungen, Ängste und Leiden, innigster Erlösung und tiefster Schuld. O wie brannte der bittere Frühlingsgeschmack auf meiner Zunge! O wie strömte der spielende Wind durch das lose Haar neben ihren roten Wangen! Dann war sie mir nahe gekommen, hatte aufgeblickt und mich erkannt, war einen Augenblick schwach errötet und hatte beiseite geblickt; dann grüßte ich sie, mit gezogenem Konfirmandenhut, und Rosa, alsbald gefasst, grüßte lächelnd und ein wenig damenhaft zurück, erhobenen Gesichts, und ging langsam, sicher und überlegen weiter, umsponnen von tausend Liebeswünschen, Forderungen und Huldigungen, die ich ihr nachsandte.

So war es einst gewesen, an einem Sonntag vor fünfunddreißig Jahren, und alles Damalige war in diesem Augenblick wiedergekehrt: Hügel und Stadt, Märzwind und Knospengeruch, Rosa und ihr braunes Haar, aufschwellende Sehnsucht und süße würgende Angst. Alles war wie damals, und mir schien, ich habe niemals mehr in meinem Leben so geliebt, wie ich damals Rosa liebte. Aber diesmal war es mir gegeben, sie anders zu empfangen als jenesmal. Ich sah ihr Erröten, als sie mich erkannte, sah ihr Bemühen, das Erröten zu verbergen, und wusste sofort, dass sie mich gern habe, dass ihr diese Begegnung dasselbe bedeute wie mir. Und statt wieder den Hut zu ziehen und feierlich mit gezogenem Hut zu stehen, bis sie vorüber wäre, tat ich diesmal trotz Angst und Beklemmung, was mein Blut mich tun hieß, und rief: »Rosa! Gott sei Dank, dass du gekommen bist, du schönes, schönes Mädchen. Ich habe dich so lieb.« Das war vielleicht nicht das Geistreichste, was sich in diesem Augenblick sagen ließ, allein es bedurfte hier keines Geistes, es genügte vollkommen. Rosa machte kein Damengesicht und ging nicht weiter, Rosa blieb stehen, sah mich an und wurde noch röter als vorher und sagte: »Grüß Gott, Harry, hast du mich denn wirklich gern?« Dazu strahlten ihre braunen Augen aus dem kräftigen Gesicht, und ich spürte:

Mein ganzes vergangenes Leben und Lieben war falsch und verworren und voll dummen Unglücks gewesen von dem Augenblick an, wo ich Rosa an jenem Sonntag hatte davonlaufen lassen. Jetzt aber war der Fehler gutgemacht, und es wurde alles anders, wurde alles gut.

Wir gaben einander die Hände, und Hand in Hand gingen wir langsam weiter, unsäglich glücklich, sehr verlegen, wussten nicht, was sagen und was tun, begannen aus Verlegenheit schneller zu laufen und trabten, bis wir den Atem verloren und stehen bleiben mussten, ohne aber unsre Hände loszulassen. Wir waren beide noch in der Kindheit und wussten nicht recht was miteinander anzufangen, wir kamen an jenem Sonntag nicht einmal bis zu einem ersten Kuss, aber wir waren ungeheuer glücklich. Wir standen und atmeten, wir setzten uns ins Gras, und ich streichelte ihre Hand, und sie fuhr mir mit der andern Hand schüchtern übers Haar, und dann standen wir wieder auf und probierten zu messen, wer von uns größer sei, und eigentlich war ich um einen Fingerbreit größer, aber ich gab es nicht zu, sondern stellte fest, dass wir ganz genau gleich groß seien, und dass der liebe Gott uns füreinander bestimmt habe, und dass wir uns später heiraten würden. Da sagte Rosa, sie rieche Veilchen, und wir knieten im kurzen Frühlingsgras und suchten und fanden ein paar Veilchen mit kurzen Stielchen, und jedes schenkte die seinen dem andern, und als es kühler wurde und das Licht schon schräg über die Felsen fiel, sagte Rosa, sie müsse heim, und da wurden wir beide sehr traurig, denn begleiten durfte ich sie nicht, aber nun hatten wir ein Geheimnis miteinander, und das war das Holdeste, was wir besaßen. Ich blieb oben in den Felsen, roch an Rosas Veilchen, legte mich über einem Absturz an den Boden, das Gesicht über der Tiefe, und schaute hinab auf die Stadt und lauerte, bis ihre süße kleine Gestalt tief unten erschien und am Brunnen vorbei und über die Brücke lief. Und jetzt wusste ich sie in ihres Vaters Haus angekommen, und dort ging sie durch die Stuben, und ich lag hier oben weit von ihr, aber von mir zu ihr lief ein Band, lief ein Strom, wehte ein Geheimnis. Wir sahen uns wieder, hier und dort, auf den Felsen, bei den Gartenzäunen, diesen ganzen Frühling lang, und gaben uns, als der Flieder anfing zu blühen, den ersten ängstlichen Kuss. Wenig war es, was wir Kinder einander geben konnten, und unser Kuss war noch ohne Glut und ohne Fülle, und das lose Haargekräusel um ihre Ohren wagte ich nur leise zu streicheln, aber alles war unser, wessen wir an Liebe und Freude fähig waren, und mit jeder schüchternen Berührung, mit jedem unreifen Liebeswort, mit jedem bangen Aufeinanderwarten lernten wir ein neues Glück, stiegen wir eine kleine Stufe an der Liebesleiter empor. So lebte ich, mit Rosa und den Veilchen beginnend, mein ganzes Liebesleben noch einmal durch, unter glücklicheren Sternen. Rosa verlor sich, und Irmgard erschien, und die Sonne wurde heißer, die Sterne trunkener, aber nicht Rosa noch Irmgard wurde mein, Stufe um Stufe musste ich steigen, viel erleben, viel lernen, musste auch Irmgard, auch Anna wieder verlieren. Jedes Mädchen, das ich einst in meiner Jugend geliebt, liebte ich wieder, aber jedem vermochte ich Liebe einzuflößen, jeder etwas zu geben, von jeder beschenkt zu werden. Wünsche, Träume und Möglichkeiten, die einst einzig in meiner Phantasie gelebt hatten, waren jetzt Wirklichkeit und wurden gelebt. O ihr schönen Blumen alle, Ida und Lore, ihr alle, die ich einst einen Sommer lang, einen Monat lang, einen Tag lang geliebt habe!

## ROBERT WALSER (1878–1956)

# Das Veilchen

Es war ein dunkler, warmer Märzabend, als ich durch das reizende, gartenreiche Villenviertel ging. Vielerlei Menschenaugen hatten mich schon gestreift. Es war mir, als schauten die Augen mich tiefer und ernster an als sonst, und auch ich schaute den vorübergehenden Menschen ernster und länger in die Augen. Vielleicht ist es der beginnende Frühling mit der wohllüstigen warmen Luft, der in die Augen einen höheren Glanz legt und in die Menschenseelen einen alten und neuen Zauber. Frauen nehmen sich in der Frühlings- und Vorfrühlingsluft mit den weichen Brüsten, die sie tragen, und von denen sie gehoben und getragen werden, wunderbar aus. Die Gartenstraße war schwärzlich, aber sehr sauber und weich. Es kam mir vor, und ich wollte mir einbilden, ich gehe auf einem weichen, kostbaren Teppich. Voll Melodien schien die Atmosphäre. Aus der dunklen geheimnisvollen Gartenerde streckten schon die ersten Blumen ihre blauen und gelben und roten Köpfchen schüchtern hervor. Es duftete, und ich wußte nicht recht nach was. Es schwebte ein stilles, angenehmes Fragen durch die süße, dunkle, weiche Luft. Ich ging so, und indem ich ging, schmeichelte sich ein zartes unbestimmtes Glücksgefühl in mein Herz hinein. Mir war zumute, als gehe ich durch einen herrlichen, lieben und uralten Park, da kam eine schöne, junge, zarte Frau auf mich zu, violett gekleidet. Anmutig war ihr Gang und edel ihre Haltung, und wie sie näher kam, schaute sie mich mit rehartigbraunen Augen seltsam scheu an. Auch ich schaute sie an, und als sie weiter gegangen war, drehte ich mich nach ihr um, denn ich konnte der Lust und

dem hinreißenden Verlangen, sie noch einmal, wenn auch nur im Rücken, zu sehen, nicht widerstehen. Wie eine Phantasieerscheinung glitt die reizende Gestalt mehr und mehr in die Ferne. Ein Weh durchschnitt mir die Seele. »Warum muß sie davongehen?«, sagte ich mir. Ich schaute ihr nach, bis sie im zunehmenden Abenddunkel verschwand und wie ein süßer, übersüßer Duft verduftete. Da träumte ich vor mich hin, es sei mir ein großes, frauenförmiges Veilchen begegnet mit braunen Augen, und das Veilchen sei nun verschwunden. Die Laternen indessen waren schon angezündet und strahlten rötlich-gelb in den blassen Abend. Ich ging in mein Zimmer, zündete die Lampe an, setzte mich an meinen altertümlichen Schreibtisch und versank in Gedanken.

WO BLUMEN BLÜHEN, BLÜHT HOFFNUNG.

*Lady Bird Johnson*

## EVA DEMSKI (*1944)

# Mein Garten

»Il faut cultiver notre jardin.«
Voltaire

Sie haben recht, lieber Voltaire. Die Empfehlung, mit der Sie seit ein paar hundert Jahren Leser und Leserinnen aus Ihrem *Candide* entlassen, ist immer noch die beste: Bestellt euren Garten! Ich weiß: Wer Ihnen folgt, wird glücklich. An manchen Tagen auch unglücklich, sehr unglücklich sogar, aber niemals hoffnungslos. Wenn einem nämlich der Tod im Garten begegnet, findet man zuverlässig ein paar Meter weiter neues Leben, mit dem man nicht gerechnet hat.

Zum Beispiel, wenn man den von Wühlmäusen entwurzelten Perückenstrauch aus dem Boden gezogen hat, widerstandslos, ein armer welker Leichnam, hört man angesichts einer Krötenlilie, die sich – wer weiß woher – daneben angesiedelt hat, sofort auf zu hadern. Erst jetzt kommt sie zur Geltung. Ohne den Mordfall hatten wir sie glatt übersehen.

Bestellen wir also unseren Garten. Der meine ist, wie Karl Valentin gesagt hat, nicht groß, aber hoch. Gut, hoch ist jeder Garten, wenn er aber auch sehr groß ist, kommt man nicht zum In-die-Luft-Schauen. Ich mache also zwanzig Schritte nach Südwesten, dann zweiundzwanzig nach rechts, dann wieder zwanzig nach Nordosten, und in weniger als einer Minute konnte mein ganzes Latifundium mit dem steinernen Wasserbecken in der Mitte umschritten sein. Ist es aber nicht, weil es eine Menge zu sehen gibt, zum Beispiel die bunten Fische mit ihren schwarzen Jungen. Man muß zupfen, abknipsen, hochbinden, rausreißen, ins Haus rennen und das Pflanzenbestimmungsbuch suchen, die blühende Glyzinie bewundern, die mir, ihrer Besitzerin, allerdings ihr kahles Untergestell zeigt, während der erste Stock gratis in einer Blüten- und Duftwolke sitzt.

So werden aus winzigen Dimensionen unendliche, jeden Tag andere. Das wird es sein, was Valentin mit »hoch« meint. Und was es zu kultivieren gilt. Bestellen, wie die meisten Übersetzungen sagen, scheint mir in dem Zusammenhang doch arg bäurisch zu klingen. Hört sich nach Maisfeld und Milchquote an.

Die ersten Gärten, die ich als Kind kennenlernte, mußten nützlich und nahrungsspendend sein, auch die sehr kleinen. Blumen spielten kaum eine Rolle, was zur Folge hatte, daß die wenigen, die neben Gemüse, Kartoffeln und den unvermeidlichen Stachelbeeren geduldet wurden, wie verrückt gediehen. Noch heute kann man die Nachkommen jener Bauernblumen in Bayern bewundern, riesenwüchsige Herbstastern, unbezähmbare Massen von Ringelblumen und Wicken, Dahlien wie Löwenköpfe. Sie lehren uns, daß nicht unbedingt Sorgfalt und Liebe zu gärtnerischen Erfolgen führen. Desinteresse und Grobheit, das wird einen lebenslang erbittern, läßt sogar zickige Pflanzen erstaunlich üppig gedeihen. Es ist empörend, wie so oft in der Liebe: Man reißt sich ein Bein aus, aber das geliebte Objekt schmeißt sich einem gleichgültigen Niemand an den Hals.

Rittersporn: ein Synonym für vergebliches Werben. In struppigen Bauerngärten habe ich Mengen davon gesehen, meterlange Blütenfackeln in allen Blautönen von fast Weiß bis fast Schwarz, in Wolken von Bienen und Schmetterlingen gehüllt. Der Boden – nicht geharkt, weder gedüngt noch gemulcht, noch gegossen – war bedeckt von Blüten, ein verschwenderischer blauer Teppich, Rittersporn wirkt noch im Vergehen triumphierend. Jedenfalls da, wo er sein möchte. Wo er nicht sein möchte, kommt er gar nicht erst aus der Erde. In meinem Garten schlafen Generationen von Rittersporn entweder unerweckt im Boden, oder sie sind in den Mägen von Wühlmäusen und Schnecken gelandet. Ich glaube an die erste Möglichkeit und versäume in keinem Frühjahr, an all den Stellen, wo ich ihm ein Heim hatte bereiten wollen, nach Blättchen zu suchen. Es sind nie welche da, wohl aber die Hoffnung, dieses unausrottbare Gartengewächs. Die kennt jeder aus dem eigenen Garten. Ob Rittersporn, Seidenmohn oder eine Malmaison-Rose: Eines Tages werden sie für uns wachsen. Ganz freiwillig. Auch wenn wir bisher nicht einmal einen ordentlichen Kopf Salat großziehen konnten. Verrückte Hoffnung: Um sie zu züchten, braucht man unbedingt einen Garten. Eine Fensterbank. Irgendeine Ecke mit Erde drin, sie braucht wenig, um sich festzukrallen.

Von der Fensterbank aus versorgte Anna K., meine sudetendeutsche Großmutter, ihre vielköpfige Familie mit Tomaten, Kohlrabi und Schnittlauch. Im Wohnzimmer herrschte deshalb eine grüne Dämmerung, was niemanden störte, denn es wurde nur an hohen Feiertagen genutzt. Danach kam das Wirtschaftswunder, möglicherweise hat es mit einem Garten auf der Fensterbank begonnen.

In meinem Garten steht ein Stachelbeerbäumchen. Als Reminiszenz. Eigentlich esse ich sie nicht besonders gern, ein Garten aber, aus dem gar nichts Eßbares kommt, scheint mir irgendwie leichtfertig. Seit drei Jahren kriegt der Baum im Frühjahr eine Menge Beeren, die fallen dann eine nach der anderen ab, bis auf drei oder vier, die zu einmaliger Größe und Köstlichkeit heranwachsen. Ich esse die Ernte ganz allein, langsam und bewußt.

Eßbares aus dem Garten unterliegt Moden, man kann heutzutage mit thailändischen Spaghettibohnen oder rotem bosniakischen Rucola gesellschaftlich punkten. Auch tauchen bei Leuten, von denen man das nie gedacht hätte, plötzlich Gänseblümchenblüten und Kapuzinerkresse auf der Vorspeise auf, was hübsch aussieht und für kulinarische Fortschrittlichkeit spricht. Selbstgezogenen Lauch oder eigene Karotten als glamourös zu preisen käme niemandem in den Sinn. Dabei ist beides schwieriger als Gänseblümchen.

Rechts vorne in meinem Garten stehen Töpfe mit Kräutern, ein Weg, Nützlichkeit und mediterrane Leichtigkeit vorzutäuschen. Und das ist unser Kräutereckchen, dieser Satz fehlt bei keiner Gartenbesichtigung, auch wenn man die Hausherrin verdächtigt, daß sie vor kurzem noch mit Pampasgras angegeben hat. Jetzt müssen es sechs Sorten Salbei sein, verschiedenfarbig. Die eine riecht absolut köstlich nach Blutwurst. Wir fragen zähneknirschend nach der Bezugsquelle, nur um den erwarteten Satz »Ich mache Ihnen gern einen Ableger« zu kassieren.

Ableger können Liebesbeweis oder Demütigung bedeuten, Hochnäsigkeit oder Dankbarkeit und manchmal schiere Verzweiflung, gepaart mit ein wenig Schadenfreude. Wenn man nämlich einer terroristisch gesonnenen Pflanze nicht mehr Herr wird und den Eroberer als Ableger in andere Gärten einschleust, auf daß die in Kürze genauso kolonisiert werden.

Sogar im Kräutereck wohnen Terroristen. Sauerampfer zum Beispiel oder Liebstöckel. Auch die wohlriechende und gesunde Zitronenmelisse hat die Neigung, sich ganzer Gärten zu bemächtigen. Nachdem man sich wie im Blutrausch reißend und rupfend gegen sie gewehrt hat, riecht man noch lange ganz wunderbar, was einem wiederum ein schlechtes Gewissen verursacht. Sie nimmt es einem aber nicht übel und taucht im nächsten Jahr an den gleichen und noch einem Dutzend neuen Stellen wieder auf. Auch die Pimpinelle, die ihren Auftritt hauptsächlich in der Grünen Soße hat, neigt zu Platzwechsel und Riesenwuchs. Sie blüht ganz hübsch, man kann sie also anstelle von Gänseblümchen über die Hors d'œuvres streuen.

Das waren ein paar von den Wichtigtuern in der Kräuterabteilung, vor denen gewarnt werden muß. Es sei denn, man liebt Übertreiber, das gibt's ja.
Die Scheuen dagegen scheinen sich vor dem erntenden Messer oder der Schere förmlich zu verkriechen. Basilikum friert leicht, Schnittlauch kriegt mit der Zeit dünne Halme, Salbei holzige Stengel. Petersilie kann sich nicht entscheiden, ob sie viel oder wenig Wasser will, Kerbel neigt zur Gelbsucht. Borretsch mit diesen unwahrscheinlich blauen Blüten und den kratzigen Blättern ist bei einigen Gärtnern ungestüm wüchsig, bei mir ziert er sich. Und lädt haufenweise Läuse in allen Farben ein, bei ihm zu speisen. Dill? Den sollte man ins Rosenbeet pflanzen, das macht sich wunderbar, viel feiner und verrückter als Schleierkraut. Rosen mit Schleierkraut dazwischen sehen leicht aus wie Muttertagsfleurop. In meinem Rosenbeet hat er nicht wachsen wollen, dafür der Giersch, den kann man auch essen. Das ist aber auch schon das einzig Positive, was man über Giersch sagen kann.

Welche Kräuter fehlen noch? Kresse, die kann man auf Löschpapier oder Kosmetikwatte ziehen. Die als Vorspeisendekoration schon erwähnte Kapuzinerkresse, eine der allerhübschesten Schlampen unter den Blumen, ist anders. Vielleicht hat sie mal gehört, daß ich sie so nenne. Jedenfalls wächst sie – andernorts das bare, prachtvolle Unkraut – bei mir nicht, nirgendwo. Nicht am trockenen Beetrand, nicht im Topf, weder Sonne noch Schatten vermögen sie hervorzulocken. Manchmal taucht eine meterlange, traurige Ranke mit einer einzigen fahlen Blüte auf. Die macht sie, um mir zu zeigen: Ich habe gekeimt. Ich habe aber keine Lust, bei Ihnen zu wachsen.

Von der Kräuterkolonie aus geht es in wenigen Schritten in ein Antike simulierendes Eck mit Steintisch und Steinbänken. Beides hatte ich vor wenigen Jahren in einem Katalog als Sonderangebot entdeckt, mir ein Herz gefaßt, gekauft, aufstellen lassen (was für eine Prozedur sich hinter diesen wenigen Worten verbirgt, tut hier nichts zur Sache) – und dann Wind, Wetter und der Energie des Alterns vertraut. Damit hat man ja Erfahrung und wird auch von Steinernem nicht enttäuscht. Moos hat sich angesiedelt, vielfarbige Flechten, geheimnisvolle Kalkstrukturen und Narben sind dazugekommen, die kleinen Löwen am Tischfuß schauen wie hundertjährige drein – kurz: In meinem bescheidenen Stadtgarten ist in wenigen Jahren ein Stück altes Rom entstanden, nicht echter als in einer Pizzeria, aber viel glaubwürdiger. Nun war kein Halten mehr, und anstatt wie sonst an den Replikenlagern am Straßenrand voll Abscheu vorbeizufahren – Der Dornauszieher in allen Größen! Mehr Säulen als auf der Akropolis, wetterfestes Material! –, bin ich hineingegangen.

Früher habe ich alles Kopierte, jede Art von Nachgemachtem verachtet. Echt alt oder gar nicht. Plötzlich, nach dem Versuch mit Tisch und Bänken, traute ich meinem Garten zu, alles in ein Original verwandeln zu können. Es genügt ein hübscher Platz, etwas Moos, eine Kletterrose. Und dann muß nur ein wenig Zeit vergehen. Der Garten nutzt seine Jahreszeiten, und irgendwann hat er uns ganz unmerklich ein Original geschenkt. Kitsch? Ein Löwenbrünnchen macht noch keine Villa d'Este, das wissen wir. Die wollen wir ja auch nicht. Nur einen Hauch davon, eine Erinnerung – ein Stückchen Anmaßung und ein handtuchgroßes Fürstentum.

Mein Steintisch steht auf einem gepflasterten Platz, wenigstens die Pflasterziegel sind alt. Aus ihren Ritzen (ausgerechnet da – wenn ich sie an eine in meinen Augen geeignete Stelle gepflanzt hätte, wäre ich von ihr ausgelacht worden) wächst eine pfirsichblättrige Glockenblume. In den ersten Jahren ist sie mit dem Kopf unter der Tischplatte angestoßen und mußte sich krumm machen. Jetzt hat sie ihre Wuchshöhe angepaßt und ebenso kurze Kinder in anderen Ritzen angesiedelt, zartlila, weiß und einzigartig schön.

Sie können ganz unterschiedlich aussehen, die Gartenfürstentümer, Disneyland oder Kyoto, Western Ranch oder Provence: Es steht einem nicht zu, sich über die Requisiten zu amüsieren, die andere Gartenbesitzer glücklich machen. Oder über deren Besessenheiten.

Ich traf eine Frau, die ich fast zehn Jahre nicht gesehen hatte. Sie beantwortete meine Frage, wie es ihr gehe, mit den Worten: Mein Bambus blüht! Das war nach so langer Zeit die wichtigste Mitteilung: Sie würde aus ihrem verbissen asiatischen Fürstentum alle Bambusse mitsamt den Mordswurzeln rausschmeißen müssen. Wenn der Bambus nämlich blüht, stirbt er. Man sollte sich überlegen, ob man sich so was antun will.

Ich habe mich in meiner römisch verkleideten Gartenecke schon ziemlich lang aufgehalten, wobei ich die Töpfe mit Zitrone, Olive, Myrte, Akelei und allerlei anderen Bewohnern noch gar nicht erwähnt habe. Aktuell sind es sechsundzwanzig mit der Tendenz, mehr zu werden. Geschenke, Frust- und Mitleidskäufe, manchmal Begeisterung mit einem völligen Mangel an Sachkenntnis gepaart – oder auch Sturheit. Zitruspflanzen wollen nicht bei mir? Sie müssen! All das führt zur Explosion der Töpfezahl. Im Herbst werden wir uns dann verfluchen, aber noch ist der Herbst weit weg.

Jeder Garten hat eine dunkle Seite, schattig, trocken – weil hohe Bäume alles Wasser wegtrinken – oder wegen einer häßlichen Aussicht ungeliebt. Meistens gibt es da auch schreckliche Bewohner, wilde Brombeeren, die sich mit allen Mitteln gegen das Ausreißen wehren und durch die dicksten Handschuhe blutige Wunden schlagen, oder tausend zähe Buchenschößlinge, die einem bei ihrer Vernichtung das widerwärtige Gefühl geben, soeben einem schönen Baum die Zukunft genommen zu haben.

Baumschößlinge rauszureißen ist notwendig – schließlich fehlt für einen Wald der Platz – aber unangenehm. Wie reizend sieht es aus, wenn die vom Eichhörnchen vergrabene Walnuß sich teilt und einen grünen Sproß entläßt. Das Entzücken verblaßt, wenn in Blumentöpfen, unter Bäumen, auf der Wiese und überhaupt an allen erdenklichen Stellen des Gartens geteilte Walnüsse auftauchen, ein Versprechen für künftige Walnußhaine – ab in den Kompost. Da wachsen sie dann munter weiter, bis man sich erbarmt und sie in einen Kübel setzt, in dem sie dann prompt eingehen.

Allerdings kann man das eine oder andere aus einem richtigen Wald ansiedeln versuchen, und wenn man Glück hat, wird aus der Schmuddelecke eine geheimnisvolle, jedes Jahr von neuem überraschende Freude. Zum Beispiel Buschwindröschen, Waldveilchen, Nieswurz oder Maiglöckchen. Die verwildern schön, mögen düstere Gegenden und wollen nur in Ruhe gelassen werden. Der eine oder andere Farn, auch Funkien – aber nicht die mit den bräsigen Blättern, die wie übergroßer Salat aussehen –, sie werden sich alle jedes Jahr anders verteilen, und manchmal kackt ein Vögelchen Walderdbeersamen hin: Dann hat man auch wieder was Eßbares.

Er hat mich mehr als einmal gerettet, der Garten: die Dinge zurechtgerückt, mich zum Lachen gebracht, wenn mir zum Heulen war. Er bereitet mir Niederlagen, aber er tröstet mich, wenn die Welt mir welche bereitet. Er erlaubt das Kindischsein und verschenkt, wenn etwas sehr weh tut, ein unerwartetes Blümchen. Er zwingt einen zur Verantwortung und treibt einem sinnloses Grübeln aus: Wichtig ist jetzt nicht die globale Erwärmung, sagt er, sondern: Gießen. Mich. Jetzt.

In harten Krisen ist er unschätzbar, egal, wie groß er ist. Es geht, wie gesagt, um seine Höhe. Ich weiß, wovon ich rede.

Dennoch müssen wir ihn manchmal verlassen, wir wollen ja kein Leberecht Hühnchen sein, jene etwas ärmliche Figur von Heinrich Seidel, die mit einer einzigen Nuß Festmähler feierte und nie über den Zaun geschaut hat.

Goethe hat schon recht: *Bringet mich wieder nach Hause! was hat ein Gärtner zu reisen?* Der Garten nimmt Abwesenheiten übel und liebt den Gärtner am meisten, der nie wegfährt. Aber er verzeiht auch schnell, vor allem, wenn man ihm was mitbringt, da ist er wie ein Kind. Das eine Mitbringsel liebt er wie verrückt und kann sich gar nicht trennen, das nächste macht er sofort kaputt.

Vita Sackville-Wests Kulturbeutel, in dem sie für ihren heimischen Garten in aller Welt Pflanzengeschenke sammelte – man kann auch sagen: klaute –, sei uns Verpflichtung. Wo immer du auf der Welt sein magst, im Orient oder Okzident: Denk an deinen Garten. An sein bescheidenes Wassertümpelchen, wenn dich toskanische Fontänen umrauschen, an seine paar Meter Buchsumrandungen und die fünf Kugeln, wenn du die buchsernen Riesenfabeltiere asiatischer Parks bewunderst.

Denk an deinen Garten. Und bring ihm unbedingt etwas mit!

### RAINER MARIA RILKE (1875–1926)

## Lob der Schöpfung

Die meisten Menschen wissen gar nicht, wie schön die Welt ist
und wie viel Pracht in den kleinsten Dingen,
in irgendeiner Blume, einem Stein, einer Baumrinde
oder einem Birkenblatt sich offenbart.
Die erwachsenen Menschen, die Geschäfte und
Sorgen haben und sich mit lauter Kleinigkeiten quälen,
verlieren allmählich ganz den Blick für diese Reichtümer,
welche die Kinder, wenn sie aufmerksam und gut sind,
bald bemerken und mit dem ganzen Herzen lieben.
Und doch wäre es das Schönste, wenn alle Menschen
in dieser Beziehung immer wie aufmerksame und gute
Kinder bleiben wollten, einfältig und fromm im Gefühl,
und wenn sie die Fähigkeit nicht verlieren würden,
sich an einem Birkenblatt oder an der Feder eines Pfauen
oder an der Schwinge einer Nebelkrähe so innig zu freuen
wie an einem großen Gebirge oder einem prächtigen Palast.
Das Kleine ist ebenso wenig klein, als das Große – groß ist.
Es geht eine große und ewige Schönheit durch die ganze Welt,
und diese ist gerecht über den kleinen und großen Dingen verstreut.

ALEX CAPUS (*1961)

# Fast ein bisschen Frühling

Marseille, 10. Januar 1934. Liebe Dorly, wir sind wieder zurück in Marseille! Unsere Reise ist und bleibt ein unglückseliges Unterfangen. An der spanischen Grenze hat uns ein goldbetresster Operettenzöllner die Einreise verweigert, weil ihm unsere Papiere nicht passten. So haben wir umkehren müssen und noch mal durch diese Operettenlandschaft von einem Südfrankreich reisen, das mit seinen Palmen, Rebbergen, Luxushotels und Wildpferden genauso aussieht, wie sich deutsche Pensionisten Südfrankreich vorstellen.

Und jetzt also wieder Marseille. Immerhin bin ich nun wieder etwas näher bei Basel und bei Dir, liebe Dorly. Kurt ist in diesem Augenblick unten am Hafen und schaut sich Schiffe an. Er mag Schiffe. Ich schreibe Dir hier auf der Sonnenterrasse eines Kaffeehauses, und es ist schon fast ein bisschen Frühling. Wir müssen jetzt überlegen, wie es weitergehen soll – noch einmal die Einreise nach Spanien versuchen, eine andere Route wählen? Die Lust auf die Reiserei ist mir in letzter Zeit so recht abhandengekommen. Schließlich, wozu sich abmühen? Die ganzen Scherereien um Pässe und Visa und Transitgenehmigungen und Fahrpläne, dieses ewige Geldwechseln – Mark in Francs, Francs in Franken, Franken wieder in Francs, Francs in Peseten, Peseten in Francs, ohne Ende – mit welchem Resultat? Mit der Erkenntnis, dass die Welt eine einzige Festung ist. Ein Gefängnis, ein Alcatraz ohne Fluchtmöglichkeit. Da müsste man schon eine Mondrakete zur freien Verfügung haben, ein Zeppelin ist da nicht viel besser als eine Schwebebahn.

Wer reicher ist als Kurt und ich oder auch gerissener und rücksichtsloser, der schafft es vielleicht nach Spanien und sogar noch weiter, aber es bleibt doch immer eine Flucht von einer Gefängniszelle in die andere, von Zelle Frankreich nach Zelle Spanien, und dahinter folgt immer die nächste Zelle, Marokko, Libyen, Ägypten, Indien und so weiter. Das ist mir jetzt klar. Wenn man wirklich fliehen möchte und nicht einfach nur davonlaufen von einer

Zelle in die nächste, dann müsste man weiter gehen, viel weiter – bis zu den letzten weißen Flecken auf der Landkarte, die es immer irgendwo gibt. Aber weiße Flecken haben gerade eben die Eigenart, dass sie unerreichbar sind. Sonst wären sie nicht weiß.

Liebe Dorly, alle reden von Amerika. Aber sag, was soll ich dort? Kürzlich habe ich in der Zeitung von den sogenannten Court-Restaurants in Chikago gelesen, wo feine Leute sich den Nervenkitzel leisten, zur gleichen Stunde mit einem Hinzurichtenden im gleichen Haus das gleiche Abendbrot zu essen. Soll ein Ort, an dem solche Dinge geschehen, das Ziel meiner Träume sein? Sag, Dorly, verstehst Du mich? Ja, Du verstehst mich, da bin ich ganz ruhig. Vielleicht sollten Kurt und ich hübsch leise heimkehren nach Wuppertal und uns zum Arbeitsdienst melden. Was meinst Du? Das wäre doch auszuhalten für eine Weile. Man müsste halt Augen, Ohren und Mund zusperren, freitags Lotto spielen und sich um nichts als um sich selbst kümmern. In ein paar Monaten würde sich schon eine Technikerstelle finden in einem Stahl- oder Kohlewerk. Der obligatorischen NS Reichsfachschaft Deutscher Industrietechniker müsste man halt beitreten, aber eine Dreizimmerwohnung könnte man sich schon leisten. Dann könntest Du nachkommen, und wir würden alle drei zusammenleben. Was meinst Du, Dorly? Es gibt auch in Wuppertal Kaufhäuser, weißt Du? Da würdest Du bestimmt eine Stellung finden.

Aber nein, das geht alles nicht, das wäre ein Irrsinn. Es besteht doch eine göttliche Ordnung – muss bestehen! –, der wir uns nicht entziehen können. Das Leben ein Irrsinn? Zwecklos? Nein, abermals nein! Es hat einen Sinn! Wir müssen weiterkämpfen, uns befreien. Und wenn Gott es will, werden Du und ich bald wieder vereint sein, wo und unter welchen Umständen auch immer. Und meint's das Schicksal gut, dann bin ich frohgemut, und meint's das Schicksal schlecht, denk ich erst recht: In Deinen Händen ruh ich von allem aus – in Deinen Händen bin ich ganz zuhaus. Dein Freund Waldemar.

### JOHANN WOLFGANG VON GOETHE (1749–1832)

## Gefunden

Ich ging im Walde
so für mich hin,
und nichts zu suchen,
das war mein Sinn.

Im Schatten sah ich
ein Blümchen stehn,
wie Sterne leuchtend,
wie Äuglein schön.

Ich wollt es brechen,
da sagt es fein:
Soll ich zum Welken
gebrochen sein?

Ich grub's mit allen
den Würzlein aus.
Zum Garten trug ich's
am hübschen Haus.

*Es gibt eine Kraft*

AUS DER EWIGKEIT UND
DIESE KRAFT IST GRÜN.

*Hildegard von Bingen*

## HERMANN LÖNS (1866–1914)

# Der Maikäfer

Jeder Monat hat seine besonderen Erzeugnisse. So auch der Mai. Er hat Maienlüfte, Maitrank, Maiblumen, Mairegen, Maikatzen, Karauschen mit Maibutter, Maifeiern und Maikäfer.

Der Maikäfer gehört nach der Meinung der Gelehrten zu den Insekten; das ist ein Irrtum; er gehört zu den Schuljungens. Niemals sieht man ihn anders als in deren Begleitung.

Der Maikäfer heißt in seiner Jugend Engerling. In diesem Zustande schafft er bedeutenden Nutzen dadurch, dass er von den nützlichen Maulwürfen gefressen wird. Diese Tatsache ist bis heute leider noch nicht genügend gewürdigt worden, vielmehr hat man den Engerling, weil er Getreidewurzeln frisst, bisher immer für schädlich gehalten.

Gäbe es keine Engerlinge, so wäre der Maulwurf lediglich auf Regenwürmer angewiesen. Regenwürmer aber sind sehr nützlich, denn erstens braucht man sie nämlich zum Angeln, und zweitens drainieren und düngen sie den Erdboden in hohem Maße, wie Charles Darwin bewiesen hat. Würde der Maulwurf also weiter nichts als Regenwürmer haben, so würden diese bald ausgerottet sein und können der Landwirtschaft nicht mehr so viel nützen.
In den naturgeschichtlichen Büchern zerfällt der Maikäfer, der dort Melolontha genannt wird, weil das gelehrter klingt, wie manche Fürstengeschlechter in zwei Linien, in M. vulgaris und M. hippocastani. In der naturwissenschaftlichen Systematik der Schuljungens zerfällt er ebenfalls in zwei Linien, die aber Müller und Schuster genannt werden.

Die Schuster sind oben braun. Sie haben keinen großen Handelswert, denn bei günstiger Konjunktur bekommt man für einen Hosenknopf schon ein Dutzend, während ein Müller, der oben weiß ist, Liebhaberpreise bis zu einem Dutzend erzielt.

Es gibt nicht jedes Jahr viele Maikäfer. Oft gibt es drei Jahre lang keine, im vierten aber so viele, dass der Ausfall der schlechten Jahre reichlich wieder wettgemacht wird. Solche Jahre nennt man Flugjahre, obgleich es eigentlich Fluchjahre heißen muss, denn alle Leute, die sich aus Maikäfern nichts machen, führen dann unchristliche Reden, weil die Maikäfer die Bäume kahlfressen.

Das ist ungerecht; auch ein Maikäfer hat Hunger. Und da das Laub im Herbst doch abfällt, so kann man es ihm schon gönnen, zumal er es versteht, die Blätter in allerliebster Art auszuzacken. Jedenfalls ist es besser, der Maikäfer frisst Blätter, als dass er, wie die Mücken, nach unserem Herzblute lechzt.

Die Larve des Maikäfers lebt in der Erde, der Maikäfer selbst dagegen in Zigarrenkästen und Botanisiertrommeln. Er ist sehr intelligent, lässt sich leicht zähmen und zum Ziehen von kleinen, aus Streichholzschachteln gemachten Wagen abrichten. Dagegen ist alle Mühe, ihm das Reden beizubringen, bisher umsonst gewesen.

Der Maikäfer besitzt zwei Augen, die einen eigentümlichen starren Blick haben, und zwei Fühler, die bei den Weibchen klein, bei den Männchen doppelt so groß sind. Wenn der Maikäfermann guter Laune ist, breitet er seine Fühler auseinander, sodass sie wie zwei kleine rotbraune Fächer aussehen.

Wenn der Maikäfer fliegen soll, braucht man ihm nur ein Lied vorzusingen: »Maikäfer, flieg!« Das hat er so oft gehört, dass es ihm über ist, und er macht dann schnell, dass er fortkommt. Dann pumpt er sich voll Luft, breitet die Flügel aus, erst die oberen, hornigen, dann die unteren, häutigen, und summt ein schönes Lied, dessen Text hier nicht wiedergegeben werden kann, weil die Sprache der Maikäfer erst mangelhaft bekannt ist.

Die lebendigen Maikäfer haben vier bis fünf Beine, während die in Käfersammlungen befindlichen meist keine haben. Hin und wieder findet man dort einen, der eins hat, manche haben sogar zwei, es soll auch welche mit drei gegeben haben, doch ist diese Nachricht nicht genügend verbürgt.

Am Ende des Hinterleibes hat der Maikäfer eine Spitze, die weder zweckmäßig noch hübsch ist. Sie erinnert dadurch an die Kopfbedeckung des erwachsenen Kulturmenschen, den Zylinder, der zwar unzweckmäßig, dafür aber umso hässlicher ist. Alle Versuche, den Maikäfer zu bewegen, von dieser Mode abzugehen, sind bisher vergeblich gewesen.

Der Maikäfer hat nur ein kurzes Leben. Wenn er sein Ende herannahen fühlt, begibt er sich in die Nähe eines Spatzen und spart so die Kosten der Beerdigung. Die Maikäferfrau legt, wohlgemerkt vorher, Eier in die Erde. Daraus kommen dann die Engerlinge, die drei Jahre gebrauchen, ehe sie sich verpuppen. Zu diesem Zwecke bauen sie in der Erde eine Höhle, ziehen ihr altes Kleid nebst den Beinen aus und werden zu einer Puppe. Aus dieser kriecht im Herbst der Käfer. Das ist die einzige Dummheit, die man diesem besonnenen Tiere bisher hat nachweisen können.

Da es dann bald Winter wird, so muss der Maikäfer seinen Appetit auf frische Blätter noch etwas bezähmen. Kluge Männer, die gern einen Schnaps trinken wollen, graben am ersten Januar den Maikäfer aus, wickeln ihn in ein rotes Baumwolltaschentuch und bringen ihn zu der Zeitung, nachdem sie sich mit zwei einwandfreien Zeugen umgeben haben, die bereit sind, zu beschwören, dass dieses der erste Maikäfer des laufenden Jahrs sei. Sie bekommen dann zwanzig Pfennige, die sie in Kornbranntwein sicher anlegen, und erhöhen also den Konsum zugunsten der Landwirtschaft bedeutend. So fördert auch der Maikäfer in dieser Hinsicht das Nationalwohl.

Über das Seelenleben der Maikäfer ist noch sehr wenig bekannt. Wir wissen nur, dass er zählen kann; wie weit aber, ob bis drei oder noch weiter, das ist noch nicht erforscht.

Und darum hat es, solange diese naheliegende Frage noch nicht völlig gelöst ist, wenig Wert, sich entfernteren zu beschäftigen, wie viele Leute es tun, indem sie das bisschen freie Zeit, das ihnen das Essen, Trinken und Schlafen übrig lässt, damit vergeuden, dass sie über die Unsterblichkeit der Maikäfer nachdenken.

## HUGO VON HOFMANNSTHAL (1874–1929)

## Ein alter Garten ist immer beseelt

Es ist ganz gleich, ob ein Garten klein oder groß ist. Was die Möglichkeit seiner Schönheit betrifft, so ist seine Ausdehnung so gleichgültig, wie es gleichgültig ist, ob ein Bild groß oder klein, ob ein Gedicht zehn oder hundert Zeilen lang ist. Die Möglichkeiten der Schönheit, die sich in einem Raum von fünfzehn Schritt im Geviert, umgeben von vier Mauern, entfalten können, sind einfach unmessbar. Es können im Hof eines Bauernhauses eine alte Linde und ein gekrümmter Nussbaum beisammenstehen und zwischen ihnen im Rasen durch eine Rinne aus glänzenden Steinen das Wasser aus dem Brunnentrog ablaufen, und es kann ein Anblick sein, der durchs Auge hindurch die Seele so ausfüllt wie kein Claude Lorrain. Ein einziger alter Ahorn adelt einen ganzen Garten, eine einzige majestätische Buche, eine einzige riesige Kastanie, die die halbe Nacht in ihrer Krone trägt. Aber es müssen nicht große Bäume sein, so wenig als auf einem Bild ein dunkelglühendes Rot oder ein prangendes Gelb auch nur an einer Stelle vorkommen muss. Hier wie dort hängt die Schönheit nicht an irgendeiner Materie, sondern an den nicht auszuschöpfenden Kombinationen der Materie. Die Japaner machen eine Welt von Schönheit mit der Art, wie sie ein paar ungleiche Steine in einen samtgrünen, dicken Rasen legen, mit den Kurven, wie sie einen kleinen kristallhellen Wasserlauf sich biegen lassen, mit der Kraft des Rhythmus, wie sie ein paar Sträucher, wie sie einen Strauch und einen zwerghaften Baum gegeneinanderstellen, und das alles in einem offenen Garten von so viel Bodenfläche wie eines unserer Zimmer. Aber von dieser Feinfühligkeit sind wir noch weltenweit, unsere Augen, unsere Hände (auch unsere Seele, denn was wahrhaft in der Seele ist, das ist auch in den Händen); immerhin kommen wir allmählich wieder dorthin zurück, wo unsere Großväter waren, oder mindestens unsere naiveren Urgroßväter: die Harmonie der Dinge zu fühlen, aus denen ein Garten zusammengesetzt ist: dass sie untereinander harmonisch sind, dass sie einander etwas zu sagen haben, dass in ihrem Miteinanderleben eine Seele ist, so wie die Worte des Gedichtes und die Farben des Bildes einander anglühen, eines das andere schwingen und leben machen.

Ein alter Garten ist immer beseelt. Der seelenloseste Garten braucht nur zu verwildern, um sich zu beseelen. Es entsteht unter diesen schweigenden grünen Kreaturen ein stummes Suchen und Fliehen, Anklammern und Ausweichen, eine solche Atmosphäre von Liebe und Furcht, dass es fast beklemmend ist, unter ihnen allein zu sein. Und doch sollte es nichts Beseelteres geben als einen kleinen Garten, in dem die lebende Seele seines Gärtners webt. Es sollte hier überall die Spur einer Hand sein, die zauberhaft das Eigenleben aller dieser stummen Geschöpfe hervorholt, reinigt, gleichsam badet und stark und leuchtend macht. Der Gärtner tut mit seinen Sträuchern und Stauden, was der Dichter mit den Worten tut: er stellt sie so zusammen, dass sie zugleich neu und seltsam scheinen und zugleich auch wie zum ersten Mal ganz sich selbst bedeuten, sich auf sich selbst besinnen. Das Zusammenstellen oder Auseinanderstellen ist alles: denn ein Strauch oder eine Staude ist für sich allein weder hoch noch niedrig, weder unedel noch edel, weder üppig noch schlank: erst seine Nachbarschaft macht ihn dazu, erst die Mauer, an der er schattet, das Beet, aus dem er sich hebt, geben ihm Gestalt und Miene. Dies alles ist ein rechtes ABC, und ich habe Furcht, es könnte trotzdem scheinen, ich rede von raffinierten Dingen. Aber ein jeder Blumengarten hat die Harmonie, die ich meine: seine Pelargonien im Fenster, seine Malven am Gatter, seine Kohlköpfe in der Erde, das Wasser dazwischenhin, und, weil das Wasser schon da ist, Büschel Schwertlilien und Vergissmeinnicht dabei, und wenn's hochkommt, neben dem Basilikum ein Beet Federnelken, das alles ist einander zugeordnet und leuchtet eins durchs andere. Gleicherweise hat jeder ältere Garten, der zu einem bürgerlichen oder adeligen Haus gehört, seine Harmonie, ich rede von Gärten, die heute mehr als sechzig Jahre alt sind: da hat jeder größere Baum seinen Frieden um sich und streut seinen Schatten auf einen schönen stillen Fleck oder auf einen breiten, geraden, rechtschaffenen Weg, die Blumen sind dort, wo sie wollen und sollen, als hätte die Sonne selbst sie aus der Erde hervorgeglüht, und der Efeu hat sich mit jedem Stück Holz und Mauer zusammengelebt, als könnte eins ohne das andere nicht sein. Das ist aber nicht bloß der edle Rost, den die Zeit über die angefassten Dinge bringt, sondern auch die Anlage, deren selbstsichere Simplizität die paar Elemente der ganzen Kunst in sich hält.

WENN DER BAUM IM HERBST
DIE BLÄTTER FALLEN LÄSST, DANN SCHAUT MAN
DEM ZU UND SEGNET DEN WILLEN DER NATUR.
DENN DIE KRAFT STIRBT NICHT, UND IM FRÜHLING
ERSTEHT EIN NEUER GRÜNER ZAUBER.

*Paula Modersohn-Becker*

## SELMA MEERBAUM-EISINGER (1924–1942)

# Frühling

Sonne. Und noch ein bisschen aufgetauter Schnee
und Wasser, das von allen Dächern tropft,
und dann ein bloßer Absatz, welcher klopft,
und Straßen, die in nasser Glattheit glänzen,
und Gräser, welche hinter hohen Fenzen
dastehen, wie ein halbverscheuchtes Reh …

Himmel. Und milder, warmer Regen, welcher fällt,
und dann ein Hund, der sinn- und grundlos bellt,
ein Mantel, welcher offen weht,
ein dünnes Kleid, das wie ein Lachen steht,
in einer Kinderhand ein bisschen nasser Schnee
und in den Augen Warten auf den ersten Klee …

Frühling. Die Bäume sind erst jetzt ganz kahl
und jeder Strauch ist wie ein weicher Schall
als erste Nachricht von dem neuen Glück.
Und morgen kehren Schwalben auch zurück.

## ELSE LASKER-SCHÜLER (1869–1945)

# Frühling

Wir wollen wie der Mondenschein
die stille Frühlingsnacht durchwachen,
wir wollen wie zwei Kinder sein.
Du hüllst mich in dein Leben ein
und lehrst mich so wie du zu lachen.

Ich sehnte mich nach Mutterlieb
und Vaterwort und Frühlingsspielen,
den Fluch, der mich durchs Leben trieb,
begann ich, da er bei mir blieb,
wie einen treuen Feind zu lieben.

Nun blühn die Bäume seidenfein
und Liebe duftet von den Zweigen.
Du musst mir Mutter und Vater sein
und Frühlingsspiel und Schätzelein
und ganz mein eigen.

## ADALBERT STIFTER (1805-1868)

Veilchen

*25. April 1834*

Heute ist weithin heiterer Himmel mit tiefem Blau, die Sonne scheint durch mein geöffnetes Fenster; das draußen schallende Leben dringt klarer herein, und ich höre das Rufen spielender Kinder. Gegen Süden stellen sich kleine Wolkenballen auf, die nur der Frühling so schön färben kann; die Metalldächer der Stadt glänzen und schillern, der Vorstadtturm wirft goldne Funken, und ein ferner Taubenflug lässt aus dem Blau zuzeiten weiße Schwenkungen vortauchen.

Wäre ich ein Vogel, ich sänge heute ohne Aufhören auf jedem Zweige, auf jedem Zaunpfahle, auf jeder Scholle, nur in keinem Käfig – und dennoch hat mich der Arzt in einen gesperrt und mir Bewegung untersagt; deshalb sitze ich nun da, dem Fenster gegenüber. und sehe in den Lenz hinaus, von dem ein Stück gütig zu mir hereinkommt. Auf dem Fenstergesimse stehen Töpfe mit Levkojenpflänzchen, die sich vergnüglich sonnen und ordentlich jede Sekunde grüner werden; einige Zweige aus des Nachbars Garten ragen um die Ecke und zeigen mir, wie frohe Kinder, ihre kleinen, lichtgrünen, unschuldigen Blättchen.

Zwei alte Wünsche meines Herzens stehen auf. Ich möchte eine Wohnung von zwei großen Zimmern haben, mit wohlgebohnten Fußböden, auf denen kein Stäubchen liegt; sanftgrüne oder perlgraue Wände, daran neue Geräte, edel, massiv, antik einfach, scharfkantig und glänzend; seidne, graue Fenstervorhänge, wie mattgeschliffenes Glas, in kleine Falten gespannt und von seitwärts gegen die Mitte zu ziehen. In dem einen der Zimmer wären ungeheure Fenster, um Lichtmassen hereinzulassen und mit obigen Vorhängen für trauliche Nachmittagsdämmerung. Rings im Halbkreise stände eine Blumenwildnis, und mitten darin säße ich mit meiner Staffelei und versuchte endlich jene Farben zu erhaschen, die mir ewig im Gemüte schweben und nachts durch meine Träume dämmern – ach, jene Wunder, die in Wüsten

prangen, über Ozeane schweben und den Gottesdienst der Alpen feiern helfen. An den Wänden hinge ein oder der andere Ruysdael oder ein Claude, ein sanfter Guido und Kindergesichtchen von Murillo. In dieses Paphos und Eldorado ginge ich dann nie anders als nur mit der unschuldigsten, glänzendsten Seele, um zu malen oder mir sonst dichterische Feste zu geben. Ständen noch etwa zwischen dunkelblättrigen Tropengewächsen ein paar weiße, ruhige Marmorbilder alter Zeit, dann wäre freilich des Vergnügens letztes Ziel und Ende erreicht.

Sommerabends, wenn ich für die Blumen die Fenster öffnete, dass ein Luftbad hereinströme, säße ich im zweiten Zimmer, das das gemeine Wohngehäuse mit Tisch und Bett und Schrank und Schreibtisch ist, nähme auf ein Stündchen Vater Goethe zuhanden oder schriebe oder ginge hin und wieder oder säße weit weg von der Abendlampe und schaute durch die geöffneten Türflügel nach Paphos, in dem bereits die Dämmerung anginge oder gar schon Mondenschein wäre, der im Gegensatze zu dem trübgelben Erze meines Lampenlichtes schöne weiße Lilientafeln draußen auf die Wände legte, durch das Gezweig spielte, über die Steinbilder glitte und Silbermosaik auf den Fußboden setzte. Dann stellte ich wohl den guten Refraktor von Fraunhofer, den ich auch hätte, auf, um in den Licht- und Nebelauen des Mondes eine halbe Stunde zu wandeln; dann suchte ich den Jupiter, die Vesta und andere, dann unersättlich den Sirius, die Milchstraße, die Nebelflecken; dann neue, nur mit dem Rohre sichtbare Nebelflecken, gleichsam durch tausend Himmel zurückgeworfene Milchstraßen. In der erhabenen Stimmung, die ich hätte, ginge ich dann gar nicht mehr, wie ich leider jetzt abends tun muss, in das Gasthaus, sondern ...

Doch dies führt mich auf den zweiten Wunsch: nämlich außer obiger Wohnung von zwei Zimmern noch drei anstoßende zu haben, in denen die allerschönste, holdeste, liebevollste Gattin der Welt ihr Paphos hätte, aus dem sie zuweilen hinter meinen Stuhl träte und sagte: diesen Berg, dieses Wasser, diese Augen hast du schön gemacht. Zu dieser Außerordentlichen ihres Geschlechts ginge ich nun an jenem Abend hinein, führte sie heraus vor den Fraunhofer, zeigte ihr die Welten des Himmels und ginge von einer zur andern, bis auch sie ergriffen würde von dem Schauder dieser Unendlichkeit – und dann fingen begeisterte Gespräche an, und wir schauten gegenseitig in unsere Herzen, die auch ein Abgrund sind, wie der Himmel, aber auch einer voll lauter Licht und Liebe, nur einige Nebelflecke abgerechnet; – oder wir gingen dann zu ihrem Pianoforte hin, zündeten kein Licht an (denn der Mond gießt breite Ströme desselben bei den Fenstern herein), und sie spielte herrliche Mozart, die sie auswendig weiß, oder ein Lied von Schubert oder schwärmte in eigenen Phantasien herum – ich ginge auf und ab oder öffnete die Glastüren, die auf den Balkon führen, träte hinaus, ließe mir die Töne nachrauschen und sähe über das unendliche Funkengewimmel auf allen Blättern und Wipfeln unseres Gartens, oder wenn mein Haus an einem See stände.

Aber, siehst du, so bin ich – da wachsen die zwei Wünsche, dass sie mir am Ende kein König mehr verwirklichen könnte. Freilich wäre alles das sehr himmlisch, selbst wenn vorderhand nur die zwei Zimmer da wären, auch mit etwas geringern Bildern; denn die Herrliche, die ich mir einbilde, wäre ja ohnedies nicht für mich leidenschaftlichen Menschen, der ich sie vielleicht täglich verletzte, wenn mich nicht etwa die Liebe zu einem völligen sanften Engel umwandelte. Indessen aber stehe ich noch hier und habe Mitleid mit meiner Behausung, die nur eine allereinzige Stube ist mit zwei Fenstern, durch die ich auf den Frühling hinausschaue, zu dem ich nicht einmal hinausdarf, und an Wipfeln und Gärten ist auch nichts Hinreichendes, außer den paar Zweigen des Nachbars, sondern die Höhe der Stube über andern Wohnungen lässt mich wohl ein sattsames Stück Himmel erblicken, aber auch Rauchfänge genug und mehrere Dächer und ein paar Vorstadttürme. Die südlichen Wolken stellten sich indessen zu artigen Partien zusammen und gewinnen immer liebere und wärmere Farben. Ich will, da ich schon nicht hinausdarf, einige abzustehlen suchen und auf der Leinwand aufzubewahren. – – Ich schrieb das Obenstehende heute morgens und malte fast den ganzen Tag Luftstudien. Abends begegnete mir ein artiger Vorfall. Auch moralischen und sogar zufälligen Erscheinungen gehen manchmal ihre Morgenröte vorher. Schon seit vielen Wochen ist mir die Bekanntschaft eines jungen Künstlers versprochen worden. Heute wurde er als Krankenbesuch von zwei Freunden gebracht, und siehe da!, es war derselbe junge, schöne Mann, den ich vor zwei Tagen auf dem Spaziergange, der mir mein jetziges Halsweh zuzog, gefunden hatte. Ich erkannte ihn augenblicklich und war fast verlegen; er gab kein Zeichen, dass er auf den Spaziergänger geachtet habe, der so dreist in sein Gesicht und Studienbuch geschaut hat. Der Besucht war ein sehr angenehmer, und die Bitte um Wiederholung wurde zugesagt. Sein Name ist Lothar Disson, und sein vorzugsweises Fach die Landschaft; doch soll er auch sehr glücklich porträtieren.

## SIEGFRIED LENZ (1926-2014)

# Eine Liebesgeschichte

Joseph Waldemar Gritzan, ein großer, schweigsamer Holzfäller, wurde heimgesucht von der Liebe. Und zwar hatte er nicht bloß so ein mageres Pfeilchen im Rücken sitzen, sondern, gleichsam seiner Branche angemessen, eine ausgewachsene Rundaxt. Empfangen hatte er diese Axt in dem Augenblick, als er Katharina Knack, ein ausnehmend gesundes, rosiges Mädchen, beim Spülen der Wäsche zu Gesicht bekam. Sie hatte auf ihren ansehnlichen Knien am Flüsschen gelegen, den Körper gebeugt, ein paar Härchen im roten Gesicht, während ihre beträchtlichen Arme herrlich mit der Wäsche hantierten. In diesem Augenblick, wie gesagt, ging Joseph Gritzan vorbei, und ehe er sich's versah, hatte er auch schon die Wunde im Rücken.

Demgemäß ging er nicht in den Wald, sondern fand sich, etwa um fünf Uhr morgens, beim Pfarrer von Suleyken ein, trommelte den Mann Gottes aus seinem Bett und sagte: »Mir ist es«, sagte er, »Herr Pastor, in den Sinn gekommen zu heiraten. Deshalb möchte ich bitten um einen Taufschein.«

Der Pastor, aus mildem Traum geschreckt, besah sich den Joseph Gritzan ziemlich ungnädig und sagte: »Mein Sohn, wenn dich die Liebe schon nicht schlafen lässt, dann nimm zumindest Rücksicht auf andere Menschen. Komm später wieder, nach dem Frühstück. Aber wenn du Zeit hast, kannst du mir ein bisschen den Garten umgraben. Der Spaten steht im Stall.«

Der Holzfäller sah einmal rasch zum Stall hinüber und sprach: »Wenn der Garten umgegraben ist, darf ich dann bitten um den Taufschein?«
»Es wird alles genehmigt wie eh und je«, sagte der Pfarrer und empfahl sich. Joseph Gritzan, beglückt über solche Auskunft, begann dergestalt den Spaten zu gebrauchen, dass der Garten schon nach kurzer Zeit umgegraben war. Dann zog er, nach Rücksprache mit dem Pfarrer, den Schweinen Drahtringe durch die Nasen, melkte eine Kuh, erntete zwei Johannisbeerbüsche ab, schlachtete eine Gans und hackte einen Berg Brennholz.

Als er sich gerade daranmachte, den Schuppen auszubessern, rief der Pfarrer ihn zu sich, füllte den Taufschein aus und übergab ihn mit sanften Ermahnungen Joseph Waldemar Gritzan. Na, der faltete das Dokument mit umständlicher Sorgfalt zusammen, wickelte es in eine Seite des Masuren-Kalenders und verwahrte es irgendwo in der weitläufigen Gegend seiner Brust. Bedankte sich natürlich, wie man erwartet hat, und machte sich auf zu der Stelle am Flüsschen, wo die liebliche Axt Amors ihn getroffen hatte.

Katharina Knack, sie wusste noch nichts von seinem Zustand, und ebenso wenig wusste sie, was alles er bereits in die heimlichen Wege geleitet hatte. Sie kniete singend am Flüsschen, walkte und knetete die Wäsche und erlaubte sich in kurzen Pausen, ihr gesundes Gesicht zu betrachten, was im Flüsschen möglich war.

Joseph umfing die rosige Gestalt – mit den Blicken, versteht sich –, rang ziemlich nach Luft, schluckte und würgte ein Weilchen, und nachdem er sich ausgeschluckt hatte, ging er an die Klattkä, das ist ein Steg, heran. Er hatte sich heftig und lange überlegt, welche Worte er sprechen sollte, und als er jetzt neben ihr stand, sprach er so: »Rutsch zur Seite.«

Das war, ohne Zweifel, ein unmissverständlicher Satz. Katharina machte ihm denn auch schnell Platz auf der Klattkä, und er setzte sich, ohne ein weiteres Wort, neben sie. Sie saßen so – wie lange mag es gewesen sein? – ein halbes Stündchen vielleicht und schwiegen sich gehörig aneinander heran. Sie betrachteten das Flüsschen, das jenseitige Waldufer, sahen zu, wie kleine Gringel in den Grund stießen und kleine Schlammwolken emporrissen, und zuweilen verfolgten sie auch das Treiben der Enten. Plötzlich aber sprach Joseph Gritzan: »Bald sind die Erdbeeren so weit. Und schon gar nicht zu reden von den Blaubeeren im Wald.« Das Mädchen, unvorbereitet auf seine Rede, schrak zusammen und antwortete: »Ja.«

So, und jetzt saßen sie stumm wie Hühner nebeneinander, äugten über die Wiese, äugten zum Wald hinüber, guckten manchmal auch in die Sonne oder kratzten sich am Fuß oder am Hals.

Dann, nach angemessener Weile, erfolgte wieder etwas Ungewöhnliches: Joseph Gritzan langte in die Tasche, zog etwas Eingewickeltes heraus und sprach zu dem Mädchen Katharina Knack: »Willst«, sprach er, »Lakritz?« Sie nickte, und der Holzfäller wickelte zwei Lakritzstangen aus, gab ihr eine und sah zu, wie sie aß und lutschte. Es schien ihr gut zu schmecken. Sie wurde übermütig – wenn auch nicht so, dass sie zu reden begonnen hätte –, ließ ihre Beine ins Wasser baumeln, machte kleine Wellen und sah hin und wieder in sein Gesicht. Er zog sich nicht die Schuhe aus.

So weit nahm alles einen ordnungsgemäßen Verlauf. Aber auf einmal – wie es zu gehen pflegt in solchen Lagen – rief die alte Guschke, trat vors Häuschen und rief: »Katinka, wo bleibt die Wäsch'!«

Worauf das Mädchen verdattert aufsprang, den Eimer anfasste und mir nichts dir nichts, als ob die Lakritzstange gar nicht gewesen wäre, verschwinden wollte. Doch, Gott sei Dank, hatte Joseph Gritzan das weitläufige Gelände seiner Brust bereits durchforscht, hatte auch schon den Taufschein zur Hand, packte ihn sorgsam aus und winkte das Mädchen noch einmal zu sich heran.
»Kannst«, sprach er, »lesen?«
Sie nickte hastig.
Er reichte ihr den Taufschein und erhob sich. Er beobachtete, während sie las, ihr Gesicht und zitterte am ganzen Körper.
» Katinka!«, schrie die alte Guschke, »Katinka, haben die Enten die Wäsch' gefressen?«
»Lies zu Ende«, sagte der Holzfäller drohend. Er versperrte ihr, weiß Gott, schon den Weg, dieser Mensch. Katharina Knack vertiefte sich immer mehr in den Taufschein, vergaß Welt und Wäsche und stand da, sagen wir mal: wie ein träumendes Kälbchen, so stand sie da.
»Die Wäsch', die Wäsch'«, keifte die alte Guschke von neuem.
»Lies zu Ende«, drohte Joseph Gritzan, und er war so erregt, dass er sich nicht einmal wunderte über seine Geschwätzigkeit.

Plötzlich schoss die alte Guschke zwischen den Stachelbeeren hervor, ein geschwindes, üppiges Weib, schoss hervor und heran, trat ganz dicht neben Katharina Knack und rief: »Die Wäsch', Katinka!« Und mit einem tatarischen Blick auf den Holzfäller: »Hier geht vor die Wäsch', Cholera!«

O Wunder der Liebe, insbesondere der masurischen; das Mädchen, das träumende, rosige, hob seinen Kopf, zeigte der alten Guschke den Taufschein und sprach: »Es ist«, sprach es, »besiegelt und beschlossen. Was für ein schöner Taufschein. Ich werde heiraten.« Die alte Guschke, sie war zuerst wie vor den Kopf getreten, aber dann lachte sie und sprach: »Nein, nein«, sprach sie, »was die Wäsch' alles mit sich bringt. Beim Einweichen haben wir noch nichts gewusst. Und beim Plätten ist es schon so weit.«

Währenddessen hatte Joseph Gritzan wiederum etwas aus seiner Tasche gezogen, hielt es dem Mädchen hin und sagte: »Willst noch Lakritz?«

## LUDWIG UHLAND (1787–1862)

# Frühlingsglaube

Die linden Lüfte sind erwacht,
sie säuseln und weben Tag und Nacht,
sie schaffen an allen Enden.
O frischer Duft, o neuer Klang!
Nun, armes Herze, sei nicht bang!
Nun muss sich alles, alles wenden.
Die Welt wird schöner mit jedem Tag,
man weiß nicht, was noch werden mag,
das Blühen will nicht enden.
Es blüht das fernste, tiefste Tal:
Nun, armes Herz, vergiss der Qual!
Nun muss sich alles, alles wenden.

## JOSEPH VON EICHENDORFF (1788–1857)

# Aus dem Leben eines Taugenichts

*Kapitel 1*

Das Rad an meines Vaters Mühle brauste und rauschte schon wieder recht lustig, der Schnee tröpfelte emsig vom Dache, die Sperlinge zwitscherten und tummelten sich dazwischen; ich saß auf der Türschwelle und wischte mir den Schlaf aus den Augen; mir war so recht wohl in dem warmen Sonnenscheine. Da trat der Vater aus dem Hause; er hatte schon seit Tagesanbruch in der Mühle rumort und die Schlafmütze schief auf dem Kopfe, der sagte zu mir: »Du Taugenichts!, da sonnst du dich schon wieder und dehnst und reckst dir die Knochen müde und lässt mich alle Arbeit allein tun. Ich kann dich hier nicht länger füttern. Der Frühling ist vor der Tür, geh auch einmal hinaus in die Welt und erwirb dir selber dein Brot.« – »Nun«, sagte ich, »wenn ich ein Taugenichts bin, so ist's gut, so will ich in die Welt gehen und mein Glück machen.« Und eigentlich war mir das recht lieb, denn es war mir kurz vorher selber eingefallen, auf Reisen zu gehen, da ich die Goldammer, welche im Herbst und Winter immer betrübt an unserm Fenster sang: »Bauer, miet mich, Bauer, miet mich!«, nun in der schönen Frühlingszeit wieder ganz stolz und lustig vom Baume rufen hörte: »Bauer, behalt deinen Dienst!«
Ich ging also in das Haus hinein und holte meine Geige, die ich recht artig spielte, von der Wand, mein Vater gab mir noch einige Groschen Geld mit auf den Weg, und so schlenderte ich durch das lange Dorf hinaus. Ich hatte recht meine heimliche Freude, als ich da alle meine alten Bekannten und Kameraden rechts und links, wie gestern und vorgestern und immerdar, zur Arbeit hinausziehen, graben und pflügen sah, während ich so in die freie Welt hinausstrich. Ich rief den armen Leuten nach allen Seiten stolz und zufrieden Adjes zu, aber es kümmerte sich eben keiner sehr darum. Mir war es wie ein ewiger Sonntag im Gemüte. Und als ich endlich ins freie Feld hinauskam, da nahm ich meine liebe Geige vor und spielte und sang, auf der Landstraße fortgehend:

Wem Gott will rechte Gunst erweisen,
den schickt er in die weite Welt,
dem will er seine Wunder weisen
in Berg und Wald und Strom und Feld.
Die Trägen, die zu Hause liegen,
erquicket nicht das Morgenrot,
sie wissen nur vom Kinderwiegen,
von Sorgen, Last und Not um Brot.

Die Bächlein von den Bergen springen,
die Lerchen schwirren hoch vor Lust,
was sollt ich nicht mit ihnen singen
aus voller Kehl und frischer Brust?

Den lieben Gott lass ich nur walten;
der Bächlein, Lerchen, Wald und Feld
und Erd und Himmel will erhalten,
hat auch mein Sach aufs Best bestellt!

Indem, wie ich mich so umsehe, kömmt ein köstlicher Reisewagen ganz nahe an mich heran, der mochte wohl schon einige Zeit hinter mir drein gefahren sein, ohne dass ich es merkte, weil mein Herz so voller Klang war, denn es ging ganz langsam, und zwei vornehme Damen steckten die Köpfe aus dem Wagen und hörten mir zu. Die eine war besonders schön und jünger als die andere, aber eigentlich gefielen sie mir alle beide. Als ich nun aufhörte zu singen, ließ die ältere stillhalten und redete mich holdselig an: »Ei, lustiger Gesell, Er weiß ja recht hübsche Lieder zu singen.« Ich nicht zu faul dagegen: »Euer Gnaden aufzuwarten, wüsst ich noch viel schönere.« Darauf fragte sie mich wieder: »Wohin wandert Er denn schon so am frühen Morgen?«

Da schämte ich mich, dass ich das selber nicht wusste, und sagte dreist: »Nach Wien«; nun sprachen beide miteinander in einer fremden Sprache, die ich nicht verstand. Die jüngere schüttelte einige Male mit dem Kopfe, die andere lachte aber in einem fort und rief mir endlich zu: »Spring Er nur hinten mit auf, wir fahren auch nach Wien.« Wer war froher als ich! Ich machte eine Reverenz und war mit einem Sprunge hinter dem Wagen, der Kutscher knallte, und wir flogen über die glänzende Straße fort, dass mir der Wind am Hute pfiff.

Hinter mir gingen nun Dorf, Gärten und Kirchtürme unter, vor mir neue Dörfer, Schlösser und Berge auf, unter mir Saaten, Büsche und Wiesen bunt vorüberfliegend, über mir unzählige Lerchen in der klaren blauen Luft – ich schämte mich, laut zu schreien, aber innerlichst jauchzte ich und strampelte und tanzte auf dem Wagentritt herum, dass ich bald meine Geige verloren hätte, die ich unterm Arme hielt. Wie aber denn die Sonne immer höher stieg, rings am Horizont schwere weiße Mittagswolken aufstiegen und alles in der Luft und auf der weiten Fläche so leer und schwül und still wurde über den leise wogenden Kornfeldern, da fiel mir erst wieder mein Dorf ein und mein Vater und unsere Mühle, wie es da so heimlich kühl war an dem schattigen Weiher, und dass nun alles so weit, weit hinter mir lag. Mir war dabei so kurios zumute, als müsst ich wieder umkehren; ich steckte meine Geige zwischen Rock und Weste, setzte mich voller Gedanken auf den Wagentritt hin und schlief ein.

Als ich die Augen aufschlug, stand der Wagen still unter hohen Lindenbäumen, hinter denen eine breite Treppe zwischen Säulen in ein prächtiges Schloss führte. Seitwärts durch die Bäume sah ich die Türme von Wien. Die Damen waren, wie es schien, längst ausgestiegen, die Pferde abgespannt. Ich erschrak sehr, da ich auf einmal so allein saß, und sprang geschwind in das Schloss hinein, da hörte ich von oben aus dem Fenster Lachen.

In diesem Schlosse ging es mir wunderlich. Zuerst, wie ich mich in der weiten, kühlen Vorhalle umschaue, klopft mir jemand mit dem Stocke auf die Schulter. Ich kehre mich schnell um, da steht ein großer Herr in Staatskleidern, dem ein breites Bandelier von Gold und Seide bis an die Hüften überhängt, mit einem oben versilberten Stabe in der Hand und einer außerordentlich langen, gebogenen kurfürstlichen Nase im Gesicht, breit und prächtig wie ein aufgeblasener Puter, der mich fragt, was ich hier will. Ich war ganz verblüfft und konnte vor Schreck und Erstaunen nichts hervorbringen. Darauf kamen mehrere Bedienten die Treppe herauf und herunter gerannt, die sagten gar nichts, sondern sahen mich nur von oben bis unten an. Sodann kam eine Kammerjungfer (wie ich nachher hörte) gerade auf mich los und sagte: ich wäre ein charmanter Junge, und die gnädigste Herrschaft ließe mich fragen, ob ich hier als Gärtnerbursche dienen wollte? – Ich griff nach der Weste; meine paar Groschen, weiß Gott, sie müssen beim Herumtanzen auf dem Wagen aus der Tasche gesprungen sein, waren weg, ich hatte nichts als mein Geigenspiel, für das mir überdies auch der Herr mit dem Stabe, wie er mir im Vorbeigehn sagte, nicht einen Heller geben wollte. Ich sagte daher in meiner Herzensangst zu der Kammerjungfer: ja; noch immer die Augen von der Seite auf die unheimliche Gestalt gerichtet, die immerfort wie der Perpendikel einer Turmuhr in der Halle auf und ab wandelte und eben wieder majestätisch und schauerlich aus dem Hintergrunde heraufgezogen kam. Zuletzt kam endlich der Gärtner, brummte was von Gesindel und Bauernlümmel unterm Bart und führte mich nach dem Garten, während er mir unterwegs noch eine lange Predigt hielt: wie ich nur fein nüchtern und arbeitsam sein, nicht in der Welt herumvagieren, keine brotlosen Künste und unnützes Zeug treiben solle, da könnt ich es mit der Zeit noch einmal zu was Rechtem bringen. – Es waren noch mehr sehr hübsche, gutgesetzte, nützliche Lehren, ich habe nur seitdem fast alles wieder vergessen. Überhaupt weiß ich eigentlich gar nicht recht, wie das alles so gekommen war, ich sagte nur immerfort zu allem: ja – denn mir war wie einem Vogel, dem die Flügel begossen worden sind. – So war ich denn, Gott sei Dank, im Brote.

In dem Garten war schön leben, ich hatte täglich mein warmes Essen vollauf und mehr Geld, als ich zum Weine brauchte, nur hatte ich leider ziemlich viel zu tun. Auch die Tempel, Lauben und schönen grünen Gänge, das gefiel mir alles recht gut, wenn ich nur hätte ruhig drin herumspazieren können und vernünftig diskurrieren, wie die Herren und Damen, die alle Tage dahinkamen. Sooft der Gärtner fort und ich allein war, zog ich sogleich mein kurzes Tabakspfeifchen heraus, setzte mich hin und sann auf schöne höfliche Redensarten, wie ich die eine junge schöne Dame, die mich in das Schloss mitbrachte, unterhalten wollte, wenn ich ein Kavalier wäre und mit ihr hier

herumginge. Oder ich legte mich an schwülen Nachmittagen auf den Rücken hin, wenn alles so still war, dass man nur die Bienen sumsen hörte, und sah zu, wie über mir die Wolken nach meinem Dorfe zuflogen und die Gräser und Blumen sich hin und her bewegten, und gedachte an die Dame, und da geschah es denn oft, dass die schöne Frau mit der Gitarre oder einem Buche in der Ferne wirklich durch den Garten zog, so still, groß und freundlich wie ein Engelsbild, sodass ich nicht recht wusste, ob ich träumte oder wachte. So sang ich auch einmal, wie ich eben bei einem Lusthause zur Arbeit vorbeiging, für mich hin:

Wohin ich geh und schaue,
in Feld und Wald und Tal,
vom Berg ins Himmelsblaue,
vielschöne gnädge Fraue,
grüß ich dich tausendmal.

Da seh ich aus dem dunkelkühlen Lusthause zwischen den halbgeöffneten Jalousien und Blumen, die dort standen, zwei schöne, junge, frische Augen hervorfunkeln. Ich war ganz erschrocken, ich sang das Lied nicht aus, sondern ging, ohne mich umzusehen, fort an die Arbeit.

Abends, es war gerade an einem Sonnabend, und ich stand eben in der Vorfreude kommenden Sonntags mit der Geige im Gartenhaus am Fenster und dachte noch an die funkelnden Augen, da kommt auf einmal die Kammerjungfer durch die Dämmerung dahergestrichen. »Da schickt Euch die vielschöne gnädige Frau was, das sollt ihr auf ihre Gesundheit trinken. Eine gute Nacht auch!« Damit setzte sie mir fix eine Flasche Wein aufs Fenster und war sogleich wieder zwischen den Blumen und Hecken verschwunden wie eine Eidechse.

Ich aber stand noch lange vor der wundersamen Flasche und wusste nicht, wie mir geschehen war. Und hatte ich vorher lustig die Geige gestrichen, so spielt und sang ich jetzt erst recht und sang das Lied von der schönen Frau ganz aus und alle meine Lieder, die ich nur wusste, bis alle Nachtigallen draußen erwachten und Mond und Sterne schon lange über dem Garten standen. Ja, das war einmal eine gute, schöne Nacht!

Es wird keinem an der Wiege gesungen, was künftig aus ihm wird, eine blinde Henne findet manchmal auch ein Korn, wer zuletzt lacht, lacht am besten, unverhofft kommt oft, der Mensch denkt und Gott lenkt, so meditiert ich, als ich am folgenden Tage wieder mit meiner Pfeife im Garten saß und es mir dabei, da ich so aufmerksam an mir heruntersah, fast vorkommen wollte, als wäre ich doch eigentlich ein rechter Lump. – Ich stand nunmehr, ganz wider meine sonstige Gewohnheit, alle Tage sehr zeitig auf, eh sich noch der Gärtner und die andern Arbeiter rührten. Da war es so wunderschön draußen im Garten. Die Blumen, die Springbrunnen, die Rosenbüsche und der ganze Garten funkelten von der Morgensonne wie lauter Gold und Edelstein. Und in den hohen Buchenalleen, da war es noch so still, kühl und andächtig wie in einer Kirche; nur die Vögel flatterten und pickten auf dem Sande. Gleich vor dem Schlosse, gerade unter den Fenstern, wo die schöne Frau wohnte, war ein blühender Strauch. Dorthin ging ich dann immer am frühesten Morgen und duckte mich hinter die Äste, um so nach den Fenstern zu sehen, denn mich im Freien zu produzieren, hatte ich keine Courage. Da sah ich nun allemal die allerschönste Dame noch heiß und halb verschlafen im schneeweißen Kleide an das offne Fenster hervortreten. Bald flocht sie sich die dunkelbraunen Haare und ließ dabei die anmutig spielenden Augen über Busch und Garten ergehen; bald bog und band sie die Blumen, die vor ihrem Fenster standen, oder sie nahm auch die Gitarre in den weißen Arm und sang dazu so wundersam über den Garten hinaus, dass sich mir noch das Herz umwenden will vor Wehmut, wenn mir eins von den Liedern bisweilen einfällt – und ach, das alles ist schon lange her!

So dauerte das wohl über eine Woche. Aber das eine Mal, sie stand gerade wieder am Fenster, und alles war stille ringsumher, fliegt mir eine fatale Fliege in die Nase, und ich gebe mich an ein erschreckliches Niesen, das gar nicht enden will. Sie legt sich weit zum Fenster hinaus und sieht mich Ärmsten hinter dem Strauche lauschen. Nun schämte ich mich und kam viele Tage nicht hin.

Endlich wagte ich es wieder, aber das Fenster blieb diesmal zu, ich saß vier, fünf, sechs Morgen hinter dem Strauche, aber sie kam nicht wieder ans Fenster. Da wurde mir die Zeit lang, ich fasste ein Herz und ging nun alle

Morgen frank und frei längs dem Schlosse unter allen Fenstern hin. Aber die liebe, schöne Frau blieb immer und immer aus. Eine Strecke weiter sah ich dann immer die andere Dame am Fenster stehen. Ich hatte sie sonst so genau noch niemals gesehen. Sie war wahrhaftig recht schön rot und dick und gar prächtig und hoffärtig anzusehen, wie eine Tulipane. Ich machte ihr immer ein tiefes Kompliment, und ich kann nicht anders sagen, sie dankte mir jedesmal und nickte und blinzelte mit den Augen dazu ganz außerordentlich höflich. – Nur ein einziges Mal glaub ich gesehn zu haben, dass auch die Schöne an ihrem Fenster hinter der Gardine stand und versteckt hervorguckte.

Viele Tage gingen jedoch ins Land, ohne dass ich sie sah. Sie kam nicht mehr in den Garten, sie kam nicht mehr ans Fenster. Der Gärtner schalt mich einen faulen Bengel, ich war verdrießlich, meine eigne Nasenspitze war mir im Wege, wenn ich in Gottes freie Welt hinaussah.

So lag ich eines Sonntagnachmittags im Garten und ärgerte mich, wie ich so in die blauen Wolken meiner Tabakspfeife hinaussah, dass ich mich nicht auf ein anderes Handwerk gelegt und mich also morgen nicht auch wenigstens auf einen blauen Montag zu freuen hätte. Die andern Bursche waren indes alle wohlausstaffiert nach den Tanzböden in der nahen Vorstadt hinausgezogen. Da wallte und wogte alles im Sonntagsputze in der warmen Luft zwischen den lichten Häusern und wandernden Leierkasten schwärmend hin und zurück. Ich aber saß wie eine Rohrdommel im Schilfe eines einsamen Weihers im Garten und schaukelte mich auf dem Kahne, der dort angebunden war, während die Vesperglocken aus der Stadt über den Garten herüberschallten und die Schwäne auf dem Wasser langsam neben mir hin und her zogen. Mir war zum Sterben bange.

Währenddes hörte ich von weitem allerlei Stimmen, lustiges Durcheinandersprechen und Lachen, immer näher und näher, dann schimmerten rot und weiße Tücher, Hüte und Federn durchs Grüne, auf einmal kommt ein heller, lichter Haufen von jungen Herren und Damen vom Schlosse über die Wiese auf mich los, meine beiden Damen mitten unter ihnen. Ich stand auf und wollte weggehen, da erblickte mich die ältere von den schönen Damen. »Ei, das ist ja wie gerufen«, rief sie mir mit lachendem Munde zu, »fahr Er uns doch an das jenseitige Ufer über den Teich!« Die Damen stiegen nun eine nach der andern vorsichtig und furchtsam in den Kahn, die Herren halfen ihnen dabei und machten sich ein wenig groß mit ihrer Kühnheit auf dem Wasser. Als sich darauf die Frauen alle auf die Seitenbänke gelagert hatten, stieß ich vom Ufer. Einer von den jungen Herren, der ganz vorn stand, fing unmerklich an zu schaukeln. Da wandten sich die Damen furchtsam hin und her, einige schrien gar. Die schöne Frau, welche eine Lilie in der Hand hielt, saß dicht am Bord des Schiffleins und sah so still lächelnd in die klaren Wellen hinunter, die sie mit der Lilie berührte, sodass ihr ganzes Bild zwischen den widerscheinenden Wolken und Bäumen im Wasser noch einmal zu sehen war, wie ein Engel, der leise durch den tiefen blauen Himmelsgrund zieht.

Wie ich noch so auf sie hinsehe, fällt's auf einmal der andern lustigen Dicken von meinen zwei Damen ein, ich sollte ihr während der Fahrt eins singen. Geschwind dreht sich ein sehr zierlicher, junger Herr mit einer Brille auf der Nase, der neben ihr saß, zu ihr herum, küsst ihr sanft die Hand und sagt: »Ich danke Ihnen für den sinnigen Einfall!, ein Volkslied, gesungen vom Volk in freiem Feld und Wald, ist ein Alpenröslein auf der Alpe selbst – die Wunderhörner sind nur Herbarien –, ist die Seele der Nationalseele.« Ich aber sagte, ich wisse nichts zu singen, was für solche Herrschaften schön genug wäre. Da sagte die schnippische Kammerjungfer, die mit einem Korbe voll Tassen und Flaschen hart neben mir stand, und die ich bis jetzt noch gar nicht bemerkt hatte: »Weiß Er doch ein recht hübsches Liedchen von einer vielschönen Fraue.« – »Ja, ja, das sing Er nur recht dreist weg«, rief darauf sogleich die Dame wieder. Ich wurde über und über rot.

Indem blickte auch die schöne Frau auf einmal vom Wasser auf und sah mich an, dass es mir durch Leib und Seele ging. Da besann ich mich nicht lange, fasst ein Herz und sang so recht aus voller Brust und Lust:

Wohin ich geh und schaue,
in Feld und Wald und Tal,
vom Berg hinab in die Aue:
vielschöne, hohe Fraue,
grüß ich dich tausendmal.

In meinem Garten find ich
viel Blumen, schön und fein,
viel Kränze wohl draus wind ich
und tausend Gedanken bind ich
und Grüße mit darein.

Ihr darf ich keinen reichen,
sie ist zu hoch und schön,
die müssen alle verbleichen,
die Liebe nur ohnegleichen
bleibt ewig im Herzen stehn.

Ich schein wohl froher Dinge
und schaffe auf und ab,
und ob das Herz zerspringe,
ich grabe fort und singe
und grab mir bald mein Grab.

Wir stießen ans Land, die Herrschaften stiegen alle aus, viele von den jungen Herren hatten mich, ich bemerkte es wohl, während ich sang, mit listigen Mienen und Flüstern verspottet vor den Damen. Der Herr mit der Brille fasste mich im Weggehen bei der Hand und sagte mir, ich weiß selbst nicht mehr was, die ältere von meinen Damen sah mich sehr freundlich an. Die schöne Frau hatte während meines ganzen Liedes die Augen niedergeschlagen und ging nun auch fort und sagte gar nichts. – Mir aber standen die Tränen in den Augen, schon wie ich noch sang, das Herz wollte mir zerspringen von dem Liede vor Scham und vor Schmerz, es fiel mir jetzt auf einmal alles recht ein, wie sie so schön und ich so arm bin und verspottet und verlassen von der Welt – und als sie alle hinter Büschen verschwunden waren, da konnt ich mich nicht länger halten, ich warf mich in das Gras hin und weinte bitterlich.

*Wandlung ist notwendig*

WIE DIE ERNEUERUNG DER BLÄTTER
IM FRÜHLING.

*Vincent van Gogh*

## ANNETTE VON DROSTE-HÜLSHOFF (1797–1848)

# Am Morgen

Das Morgenrot schwimmt still entlang
den Wolkenozean;
den Gliedern zart mit Liebesdrang
schmiegt sich die Welle an.
Ihm folgt die Sonn' im Sphärenklang,
ein roter Flammenkahn;
ein lindes Rauschen grüßt den Tag:
Ist es ihr Ruderschlag?

Und es erwachen mit Gezisch
die bunten Vögelein;
sie strecken keck aus dem Gebüsch
die Köpflein rund und klein
und tauchen in die Tauluft frisch
die feinen Glieder ein;
die Schnäblein üben sie zumal
in Liedern ohne Zahl.

Und auch die Blumen senden früh
den leisen Duft ins Land;
um ihre Stirnen winden sie
ein hell Juwelenband.
Das Spinnlein selbst mit großer Müh'
braucht die geübte Hand;
es hat sein Netzlein reich gestrickt,
mit Perlenreihn geschmückt.

Ich sinne, wem solch heitres Fest
mag zubereitet sein,
und wem zuliebe lässt sein Nest
das treue Vögelein.
Da spricht zu mir der linde West
mit seinem Stimmlein fein:
Bist du denn also hart und blind,
du töricht Menschenkind?

Was gehst du doch so stumm einher,
wo alles Jubel singt?
Was wandelst du so arm und leer,
wo alles Gabe bringt,
dass selbst zu Gottes Lob und Ehr'
vom Aug' der Erde dringt
gar manche Träne, dass sie ganz
davon bedeckt mit Glanz?

Er ist es, den so minniglich
das Lied der Vögel trägt,
dem mit Gesang so inniglich
der Baum die Zweige regt,
für den die Sonne rings um sich
die Strahlenwimpel schlägt.
All Herz tut sich ihm freudig auf:
Wach auf, wach auf, wach auf!

## RAINER MARIA RILKE (1875–1926)

# Heiliger Frühling

»Unser Herrgott hat sonderbare Kostgänger.« Das war das Lieblingswort des Studenten Vinzenz Viktor Karsky, und er wandte es in passenden und unpassenden Augenblicken stets mit einer gewissen Überlegenheit an, vielleicht weil er sich selbst im Stillen zu dieser Sorte rechnen mochte. Seine Genossen nannten ihn längst einen sonderbaren Kauz; sie schätzten seine Herzlichkeit, die oft an Sentimentalität grenzte, freuten sich an seinem Frohsinn, ließen ihn einsam, wenn er traurig war, und duldeten seine ›Überlegenheit‹ mit gutmütigem Vergeben.

Diese Überlegenheit Vinzenz Viktor Karskys bestand darin, dass er für alles, was er tat oder unterließ, einen glänzenden Namen fand und, ohne zu prahlen, mit einer gewissen gereiften Sicherheit Tat auf Tat legte, wie einer, der aus tadellosen Steinen eine Mauer baut, die für alle Ewigkeit stehen soll. Nach einem guten Frühstück sprach er gerne über Literatur, wobei er niemals tadelte oder verwarf, sondern nur die ihm angenehmen Bücher einer mehr oder minder innigen Anerkennung würdigte. Das klang dann wie eine allerhöchste Sanktion. Bücher, die ihm schlecht schienen, pflegte er überhaupt nicht zu Ende zu lesen, sagte aber dann auch kein Wort darüber, selbst wenn andere des Lobes voll waren.

Sonst hielt er sich gegen die Freunde nicht zurück, erzählte alle seine Erlebnisse, auch die intimer Art, mit liebenswürdigem Freimut und ließ es über sich ergehen, dass sie fragten, ob er nicht wieder versucht hätte, ein Protelarierkind ›zu sich emporzuheben‹. Man erzählte sich nämlich, dass Vinzenz Viktor Karsky bisweilen solche Versuche unternehme. Dabei mochten ihm seine tiefen blauen Augen und seine einschmeichelnde Stimme wohl zu gar manchem Erfolge verhelfen. Immerhin schien er die Zahl dieser Erfolge rastlos mehren zu wollen und bekehrte mit dem Eifer eines Religionsstifters eine Unzahl kleiner Mädchen zu seiner Glückseligkeitstheorie. Am Abend begegnete ihm ab und zu einer der Genossen, wenn er, eine blonde

oder braune Gefährtin leicht unter dem Arm führend, seines Lehramts waltete. Und die Kleine lachte dann gewöhnlich mit dem ganzen Gesicht, Karsky aber machte eine so wichtige Miene, als wollte er sagen: »Unermüdlich im Dienste der Menschheit.« Kam aber mal einer und erzählte, dass der oder jener »hängen geblieben« wäre und nun in die nette Sippschaft hineinheiraten müsse, wippte der erfolggekrönte Wanderlehrer seine breiten, slawisch-eckigen Schultern und sagte fast verächtlich:
»Ja, ja, – der Herrgott hat sonderbare Kostgänger.«

Das Sonderbarste an Vinzenz Viktor Karsky aber war, dass es etwas in seinem Leben gab, wovon keiner seiner nächsten Freunde wusste. Er verschwieg es gleichsam vor sich selbst; denn er hatte keinem Namen dafür; und doch dachte er daran, sommers, wenn er einsam auf weißem Weg in einen Sonnenuntergang ging, oder wenn der Winterwind sich in den Kamin seiner stillen Stube bohrte und die Kerntruppen der Schneeflocken gegen das verklebte Fenster Sturm liefen, oder im dämmerigen Kneipstübchen sogar mitten im Freundeskreis. Dann blieb das Glas unberührt vor ihm stehen; er schaute wie geblendet vor sich hin, als blicke er in ein fernes Feuer, und seine weißen Hände falteten sich unwillkürlich, als wäre ihm ein Beten gekommen – ganz von ungefähr, wie einem das Lachen oder das Gähnen kommt.

Wenn der Frühling in eine kleine Stadt einzieht, so gibt das ein Fest. Wie die Knospen aus enger Haft, drängen goldköpfige Kinder aus der winterschwülen Stube und wirbeln ins Land hinaus, als trüge sie der flatternde laue Wind, der ihnen Haare und Röckchen zerrt und ihnen die ersten Kirschenblüten in den Schoß wirft. Und wie sie nach langer Krankheit ein altes, lang vermisstes Spielzeug bejubeln würden, erkennen sie selig alles wieder und begrüßen jeden Baum, jeden Busch und lassen sich vom jauchzenden Bache erzählen, was er all die Zeit getrieben. Und was für eine Wonne ist das, durch das erste grüne Gras laufen, das zage und zart die nackten Füßchen kitzelt, dem

ersten Weißling nachhüpfen, der in ratlos großen Bogen über den kargen Holunderbüschen sich verliert ins endlose, blasse Blau hinein. – Überall regt sich Leben. Unterm Dach, auf den rotleuchtenden Telegraphendrähten und sogar hoch auf dem Kirchturm, hart neben der brummigen, alten Glocke, ist Schwalben-Stelldichein. Die Kinder schauen mit großen Augen, wie die Wandervögel die alten lieben Nester finden, und der Vater zieht den Rosenstöcken den Strohmantel und die Mutter den ungeduldigen Kleinen die warmen Flanellhöschen aus.

Auch die Alten kommen mit scheuem Schritt über die Schwelle, reiben sich die faltigen Hände und blinzeln ins flutende Licht hinaus, und nennen sich »Alterchen« und wollen's nicht zeigen, dass sie glücklich und gerührt sind. Aber ihre Augen gehen über, und sie danken beide im Herzen: Noch einen Frühling.

An solch einem Tag ohne eine Blume in der Hand auszugehen, ist Sünde, dachte der Student Karsky. Und deshalb schwenkte er einen duftenden Zweig in der Rechten, als müsste er dem Frühling Reklame machen. Leichtschrittig und schnell, wie um früher dem dumpfig kühlen Atem der schwarz gähnenden Haustore zu entfliehen, ging er durch die alten, grauen Giebelgassen, winkte dem Wirt der Stammkneipe, der mit feistem Lächeln unter der breiten Einfahrt seines Gasthofs prahlte, und nickte den Kindern zu, die bei dem Schlag der Mittagsglocke aus der engen Schule wirbelten. Erst ging's ganz sittsam zwei zu zwei, allein zwanzig Schritte von dem Schultor platzte der Schwarm in unzählige Teilchen auseinander, und der Student musste an jene Raketen denken, die hoch im Blauen in lauter winzige Leuchtsterne und -kugeln aufgehen. Ein Lächeln auf den Lippen und ein Lied in der Seele, eilte er jenem äußersten Bezirke des Städchens zu, wo teils behäbige, bäurisch aussehende Gehöfte, teils weiße Villenneubauten, von kleinen Gärtchen umrahmt, gar freundlich dreinschauten. Dort vor einem der letzten Häuser erfreuten ihn die hohen Laubengänge, über deren leichtgeschwungenem Gezweig schon ein grüner Hauch schimmerte, wie ein Ahnen künftiger Pracht. Am Eingang blühten zwei Kirschbäume, und das sah aus, als wäre eine Triumphpforte für den Frühling erbaut und als schrieben die blassrosa Blüten ein leuchtendes Willkommen darüber.

Plötzlich schrak Karsky zusammen: Mitten in dem Blühen sah er zwei tiefblaue Augen, die mit ruhiger, schlürfender Seligkeit ins Weite träumten. Er gewahrte erst nur die beiden Augen, und ihm war, der Himmel selber schaute ihn durch die Blütenbäume an. – Er kam näher und staunte. Ein blasses, blondes Mädchen kauerte da auf dem mattfarbigen geblümten Lehnstuhl; ihre weißen Hände, die nach etwas Unsichtbarem zu greifen schienen, hoben sich hell und durchscheinend von der dunkelgrünen Decke ab, die Knie und Füße umschloss. Die Lippen waren zartrot wie kaum erschlossene Blüten, und ein leises Lächeln umsonnte sie. So lächelt ein Kind, das in der Christnacht, das neue Holzpferdchen im Arm, entschlafen ist. So schön und duftig war das bleiche, verklärte Gesicht, dass dem Studenten auf einmal alte Märchen einfielen, an die er lange, lange nicht mehr gedacht hatte. Und er blieb stehen – unwillkürlich, wie er heute bei einer Wegmadonna stehen geblieben wäre, in dem Gefühl jener großen treuinnigen Sonnendankbarkeit, das die bisweilen überkommt, die das Beten verlernt haben. – Da begegnete sein Blick dem des Mädchens. Sie schauten sich in die Augen mit seligem Verständnis. Und halb unbewusst schleuderte der Student den jungen Blütenzweig über den Zaun, dass er mit sachtem Taumeln in den Schoß des blassen Kindes niederschwebte. Die weißen, schmalen Hände griffen mit zärtlicher Hast nach dem duftigen Geschoss, und Karsky genoss den leuchtenden Dank der Märchenaugen mit wonnigem Bangen. Dann schritt er weiter feldein. Erst als er weit im Freien war und der hohe Himmel mit feierlicher Stille über ihm lag, bemerkte er, dass er unablässig sang. Es war ein kleines, altes, seliges Lied.

Das hab ich mir auch oft gewünscht, dachte der Student Vinzenz Viktor Karsky, krank gewesen sein einen ganzen Winter lang, und wenn der Frühling kommt, langsam und mählich ins Leben zurückkehren. Vor der Türe sitzen mit staunenden Augen und so recht ausgeruht sein und so kindisch dankbar für Sonne und Dasein. – Und alle sind dann lieb und freundlich, und die Mutter kommt dem Genesenen jeden Augenblick die Stirne küssen, und die Geschwister spielen Ringelreihen und singen bis ins Abendrot. Und er dachte das, weil ihm immer wieder die blonde kranke Helene einfiel, die da draußen unter dem blütenschweren Kirschbaum saß und seltsame Träume sann. Wie oft sprang er von seinen Arbeiten auf und eilte zu dem blassen, stillen Mädchen. – Zwei Menschen, die das gleiche Glück leben, finden sich schnell. Die Kranke und Viktor berauschten sich beide an der kühlen, duftigen Frühlingsluft, und ihre Seelen klangen denselben Jubel. Er saß neben dem blonden Kinde und erzählte ihm tausend Geschichten mit sanfter, kosender Stimme. Was aus ihm klang, war ihm selbst fremd und neu, und er lauschte mit entzücktem Erstaunen auf seine eigenen Worte, die so rein und voll waren, wie eine Offenbarung. Und es musste wirklich etwas Großes sein, dass er verkündete; denn auch Helenens Mutter, und das war eine Frau mit breiten, weißen Scheiteln, die gar manches gehört haben mochte in Welt und Wandel, lauschte oft wie andächtig, wenn er sprach, und einmal sagte sie mit unmerklichem Lächeln: »Sie müssten eigentlich ein Dichter sein, Herr Karsky.«

Die Genossen aber schüttelten nachdenklich die Köpfe. Vinzenz Viktor Karsky kam selten in ihren Abendkreis; kam er einmal, blieb er schweigsam, hörte weder ihre Scherze noch Fragen und lächelte nur so heimlich ins Lampenlicht, als lauschte er auf ein fernes, trautes Singen. Auch über Literatur sprach er nicht mehr, wollte nichts lesen und murrte, wenn man ihn ungestüm aus seinem Sinnen zerrte, ganz unvermittelt: »Bitt euch, der liebe Herrgott hat sonderbare Kostgänger.«

Darüber waren die Studenten aber einig, dass der gute Karsky nunmehr zu den allersonderbarsten gehörte; denn auch von seiner biederen Überlegenheit ließ er nichts mehr merken, und die kleinen Mädchen vermissten seine menschenfreundliche Lehrtätigkeit. Er war allen ein Rätsel geworden. Traf man ihn mal des Abends in den Gassen, ging er allein, blickte weder rechts noch links und schien bemüht, den seligen, seltsamen Glanz seiner Augen so rasch wie möglich in sein einsames Stübchen zu tragen und dort zu bergen – vor aller Welt.

»Was du für einen schönen Namen hast, Helene«, raunte Karsky mit behüteter Stimme, als hätte er dem Mädchen ein Geheimnis anvertraut.
Helene lächelte: »Der Onkel schilt immer und meint, so sollten eigentlich nur Prinzessinnen und Königinnen heißen.«

»Du bist auch eine Königin. Siehst du denn nicht, dass du eine Krone trägst von eitel Gold. Deine Hände sind wie Lilien, und ich glaube, Gott hat sich sogar entschlossen, seinen teuren Himmel zu zerschneiden, um dir Augen zu machen.«

»Du, Schwärmer«, grollte die Kranke mit dankbaren Augen.
»So möcht ich dich malen können!«, seufzte der Student auf. Dann schwiegen sie beide. Ihre Hände fanden sich unwillkürlich, und sie hatten die Empfindung, es käme eine Gestalt auf sie zu durch den lauschenden Garten, ein Gott oder eine Fee. Seliges Erwarten füllte ihre Seelen. Ihre dürstenden Blicke trafen sich wie zwei schwärmende Falter – und küssten sich.

Und dann begann Karsky, und seine Stimme war wie fernes Birkenrauschen: »Das ist alles wie ein Traum. Du hast mich verzaubert. Mit jenem Blütenzweig hab ich mich dir zueigen gegeben. Alles ist anders. So viel Licht ist in mir. Ich weiß gar nicht mehr, was früher war. Ich fühle keinen Schmerz, kein Unbehagen, nicht einmal einen Wunsch in mir. – So hab ich mir immer die Seligkeit gedacht – das jenseits vom Grab ...«
»Fürchtest du das Sterben?«
»Das Sterben? Ja. Aber nicht den Tod.«
Helene legte ihm sanft die bleiche Hand auf die Stirne. Er fühlte, sie war sehr kalt: »Komm ins Zimmer«, mahnte er leise.
»Mir ist gar nicht kalt – und der Frühling ist so schön.«
Helene sagte das mit inniger Sehnsucht. Ihr Wort klang nach wie ein Lied.

Die Kirschbäume blühten nicht mehr, und Helene saß tiefer im Laubengange, wo der Schatten schwerer und kühler war. Vinzenz Viktor Karsky war Abschied nehmen gekommen. Die Sommerferien brachte er fern an einem See des Salzkammergutes bei seinen alten Eltern zu. Sie sprachen wie immer über das und dies, über Träume und Erinnerungen. Aber der Zukunft gedachte keines. Helenes Gesichtchen war bleicher als sonst, ihre Augen größer und tiefer, und die Hände zuckten leise auf der dunkelgrünen Decke. Und als der Student sich erhob und die beiden Hände behutsam wie etwas Zerbrechliches in die seinen nahm, da sagte Helene leise:
»Küss mich, du!«
Und der junge Mann neigte sich und berührte mit kühlen, gierdelosen Lippen Stirn und Mund der Kranken. Wie einen Segen trank er den heißen Duft dieses keuschen Mundes, und dabei fiel ihm eine Szene aus ferner

Kindheit ein: wie Mutter ihn mal emporgehoben hatte zu einem wundertätigen Madonnenbild. Und dann ging er, gestärkt, ohne Schmerz durch den dämmerigen Laubengang. Er wandte sich noch einmal um, winkte dem blassen Kinde zu, das ihm mit müdem Lächeln nachschaute, und warf dann eine junge Rose über den Zaun. Mit seliger Sehnsucht haschte Helene danach. Die rote Blüte aber fiel zu ihren Füßen nieder. Das kranke Mädchen bückte sich mühsam; es nahm die Rose zwischen die gefalteten Hände und küsste sich die Lippen rot an den samtweichen Blättern.

Das hatte Karsky nicht mehr gesehen.
Mit gefalteten Händen ging er durch die Sommerglut. Als er in sein stilles Stübchen trat, warf er sich in den alten Lehnstuhl und schaute in die Sonne hinaus. Die Fliegen summten hinter den weißen Tüllgardinen, und eine junge Knospe war aufgesprungen auf dem Fensterbrett. Und da kam dem Studenten von ungefähr zu Sinne, dass sie nicht: »auf Wiedersehen« gesagt hatten.

Sonngebräunt war Vinzenz Viktor Karsky von den Ferien in die kleine Stadt zurückgekehrt. Mechanisch ging er durch die altgewohnten Giebelgassen und warf keinen Blick auf die Häuserstirnen, die das falbe Herbstlicht fast violett erscheinen ließ. Es war der erste Weg, den er seit seiner Heimkehr machte, und doch schritt er wie einer dahin, der täglich dieselbe Strecke zurücklegt; er trat endlich durch das hohe Gittertor in den stillen Kirchhof und setzte auch dort zwischen den Hügeln und Kapellen zielsicher seinen Weg fort. Vor einem grünen Grab blieb er stehen und las von dem schlichten Kreuze ab: Helene. Er hatte gefühlt, dass er sie hier finden müsse. Ein Lächeln der Wehmut zuckte um seine Mundwinkel.

Auf einmal dachte er: Nein, wie geizig die Mutter doch war! Auf des Mädchens Hügel lag neben verdorrten Blumen ein plumper Blechkranz mit geschmacklosen Blüten. Der Student holte ein paar Rosen, kniete nieder und deckte das kantige, karge Metall ganz mit den frischen Blüten zu, dass auch nicht ein Eckchen mehr zu sehen war. Dann ging er wieder, und sein Herz war klar, wie der rote Frühherbstabend, der so feierlich über den Dächern lag. – Karsky saß eine Stunde später in der Stammkneipe. Die alten Genossen umdrängten ihn, und auf ihr stürmisches Begehr erzählte er von seiner

Sommerreise. Als er von den Alpentouren sprach, gewann er wieder seine alte Überlegenheit. Man trank ihm zu.

»Du«, begann einer der Freunde, »was war denn das damals mit dir, vor den Ferien, du warst je ganz ... na – vorwärts, heraus mit der Farbe!«
Da sagte Vinzenz Viktor Karsky mit verstohlenem Lächeln: »Na, der liebe Herrgott ...«
»... hat sonderbare Kostgänger«, ergänzten die andern im Chor. »Das wissen wir schon.«
Nach einer Weile, als niemand mehr eine Antwort erwartete, fügte er sehr ernst hinzu: »Glaubt mir, es kommt darauf an, dass man einmal im Leben einen heiligen Frühling hat, der einem so viel Licht und Glanz in die Brust senkt, dass es ausreicht, alle ferneren Tage damit zu vergolden ...«

Alle lauschten, als erwarteten sie noch etwas. Karsky aber schwieg mit leuchtenden Augen. Keiner hatte ihn verstanden, allein über allen lag's wie ein geheimnisvoller Bann, bis der Jüngste seines Glases Rest mit raschem Ruck austrank, auf den Tisch schlug und rief: »Kinder, ich glaub ihr wollt sentimental werden. – Auf! Ich lad euch alle zu mir ein. Da ist's gemütlicher als in der Gaststube, und dann: es kommen auch ein paar Mädel. – Du gehst doch mit?«, wandte er sich zu Karsky.

»Freilich«, sagte Vinzenz Viktor Karsky heiter und trank langsam sein Glas leer. –

※

# Textnachweis

S. 8–9: Robert Walser: Das Frühjahr
»Das Frühjahr«, aus: Robert Walser, Sämtliche Werke in Einzelausgaben. Herausgegeben von Jochen Greven. Band 16: Träumen. Mit freundlicher Genehmigung der Robert Walser-Stiftung, Bern.
© Suhrkamp Verlag Zürich 1978 und 1985.

S. 33: Alfred Andersch: Paris, 1. Mai 1977
aus Alfred Andersch Gedichte und Nachdichtungen
Copyright © 2004 Diogenes Verlag AG Zürich

S. 36: Paul Nizon: 18. März 1997, Paris
Textauszug aus: Paul Nizon, Die Zettel des Kuriers. Journal 1990 - 1999.
Herausgegeben von Wend Kässens
© Suhrkamp Verlag Frankfurt am Main 2008. Alle Rechte bei und vorbehalten durch Suhrkamp Verlag Berlin.

S. 42–45: Astrid Lindgren und Louise Hartung: Briefe einer Freundschaft
Astrid Lindgren/Louise Hartung: Ich habe auch gelebt. Briefe einer Freundschaft
© 2016 Ullstein Buchverlage GmbH, Berlin.

S. 54–57: Hermann Hesse: Rosa
Textauszug aus: Hermann Hesse, Der Steppenwolf, in: ders., Sämtliche Werke in 20 Bänden.
Herausgegeben von Volker Michels. Band 4.
© Suhrkamp Verlag Frankfurt am Main 2001.
Alle Rechte bei und vorbehalten durch Suhrkamp Verlag Berlin.

S. 60–61: Robert Walser: Das Veilchen
»Das Veilchen«, aus: Robert Walser, Sämtliche Werke in Einzelausgaben. Herausgegeben von Jochen Greven. Band 4: Kleine Dichtungen. Mit freundlicher Genehmigung der Robert Walser-Stiftung, Bern.
© Suhrkamp Verlag Zürich 1978 und 1985.

S. 62–69: Eva Demski: Mein Garten
Textauszug aus: Eva Demski, Gartengeschichten. Mit Bildern von Michael Sowa.
© Insel Verlag Frankfurt am Main 2009. Alle Rechte bei und vorbehalten durch Insel Verlag Berlin.

S. 74–75: Alex Capus: Fast ein bisschen Frühling
Alex Capus, Fast ein bisschen Frühling
Ausschnitt aus dem gleichnamigen Roman
© 2012 Carl Hanser Verlag GmbH & Co. KG, München

S. 94–97: Siegfried Lenz: Eine Liebesgeschichte
Siegfried Lenz, Eine Liebesgeschichte. Aus: Siegfried Lenz, Die Erzählungen.
Copyright © 2006 by Hoffmann und Campe Verlag, Hamburg.

Bei manchen der hier angegebenen Texte wurde aus urheberrechtlichen Gründen die alte Rechtschreibung beibehalten.

# Impressum

In einigen Fällen war es nicht möglich, für den Abdruck der Texte die Rechteinhaber:innen zu ermitteln. Honoraransprüche der Autor:innen, Verlage und ihrer Rechtsnachfolger:innen bleiben gewahrt.

© 2022 arsEdition GmbH, Friedrichstr. 9, D-80801 München
Alle Rechte vorbehalten

Covermotiv: Marielle Enders, www.itsme-design.de

Illustrationen Innenteil: Marielle Enders, www.itsme-design.de; aleksa__ch / Shutterstock.com, Anastasia Lembrik / Shutterstock.com, Angie Makes / Shutterstock.com, Ardea-studio / Shutterstock.com, Bipsun / Shutterstock.com, Bukhavets Mikhail / Shutterstock.com, Cienpies Design / Shutterstock.com, Elena.Efremova / Shutterstock.com, Erenai / Shutterstock.com, Karma3 / Shutterstock.com, krisArt / Shutterstock.com, lisima / Shutterstock.com, MerveAruta / Shutterstock.com, Nikiparonak / Shutterstock.com, Sundra / Shutterstock.com, Watercolor_Art_Photo / Shutterstock.com

Fotos Innenteil: S. 4/5: Makistock / Shutterstock.com, S. 16/17, 40/41, 72/73, 123/124: Subbotina Anna / Shutterstock.com, S. 30/31, 58/59, 86/87: LedyX / Shutterstock.com, S: 98/99: PhotoIris2021 / Shutterstock.com, S. 112/113: sergei kochetov / Shutterstock.com

Gestaltung Cover und Innenteil: Marielle Enders, www.itsme-design.de

ISBN 978-3-8458-4723-8

www.arsediton.de